Quiches

GU Rezept-Wegweiser 2
Überblick über die Rezepte des Buches mit ihren wichtigsten Eigenschaften.

Vorspeisen und Snacks 4
Leichte Häppchen: Von Miniquiches mit Kirschtomaten bis zu Garnelenquiche mit Safran.
Außerdem:
Wissenswertes über Backformen 4

Quiches zum Sattessen 16
Deftige und raffinierte Quiches: Von der Lyonerquiche bis zur Wirsingtarte.
Außerdem:
Rezeptideen für Salate und Dressings 16
Frisches zum süßen Schluß 16

Raffiniert vegetarisch 28
Gesunde und herzhafte Quiches mit Gemüse, Käse und Quark.
Außerdem:
Saucenrezepte als feine Ergänzung 28

Schnell und praktisch 40
Feine Rezepte mit Zutaten aus dem Vorrat: Von der Schafkäsequiche bis zur Maisquiche.
Außerdem:
Alles Wichtige über Fertigteige 40
Vorratsliste 41

Quiches mit Tradition 52
Altbewährte, bekannte Klassiker aus deutschen Regionen, Italien, Frankreich, der Schweiz und ein Gruß aus dem Orient.
Außerdem:
Tips und Tricks für die Quichesbäckerei 52
Kleine Käsekunde 53

Rezept- und Sachregister 62
Impressum 62
Abkürzungen 64
Hinweise für Gasherd 64

Rezept	Seite	Kalorien/Portion	Gelingt leicht	Schnell	Braucht etwas Zeit	Für Gäste	Raffiniert	Vegetarisch	Gut vorzubereiten	Preiswert
Spargeltarte mit Schinkencreme	6	220	●			●	●		●	
Miniquiches mit Kirschtomaten	6	600				●	●			
Champignonquiche	8	460	●			●	●			
Rocquefortquiche	9	550	●			●	●	●	●	●
Lauchquiche mit Lachs	10	470		●		●				
Tomatenquiche mit Robiola	11	570					●	●		
Garnelenquiche mit Safran	12	450	●			●	●	●		
Forellenquiche	12	610	●			●				
Gorgonzolaquiche mit Birnen	14	510				●	●	●		
Räucherfischquiche	15	460				●	●		●	
Weißkohlquiche mit Mett	18	1000							●	●
Lyonerquiche	18	1190	●						●	●
Brokkoliquiche mit Putenbrust	20	690			●				●	
Chiliquiche	21	780	●				●			
Hackfleischquiche	22	900	●						●	●
Schweinefiletquiche	22	830	●			●	●			
Wirsingtarte	24	890		●					●	●
Geflügelleberquiche	25	700	●	●		●	●			
Quiche mit Leberwurst und Äpfeln	26	880	●			●				●
Zucchini-Quarkquiche	30	620				●		●		●
Austernpilzquiche mit Zuckerschoten	31	710	●			●		●		
Blumenkohltarte mit Curry	32	690				●		●		●
Auberginenquiche mit Mozzarella	33	1025		●		●		●	●	

GU Rezept-

Rezept	Seite	Kalorien/Portion	Gelingt leicht	Schnell	Braucht etwas Zeit	Für Gäste	Raffiniert	Vegetarisch	Gut vorzubereiten	Preiswert
Möhrenquiche mit Brokkoli	34	650	●					●		●
Spinatquiche mit Schafkäse und Oliven	36	720			●	●	●	●		
Quiche mit roten Linsen	36	920						●		●
Schalottenquiche mit Rosinen	38	970				●	●	●		
Asiatische Chinakohlquiche	39	690						●	●	●
Kichererbsenquiche	42	820	●				●		●	
Sauerkrautquiche	42	530	●						●	●
Schafkäsequiche	44	870	●	●				●	●	
Quiche mit zweierlei Käse	45	920	●	●			●	●	●	
Bohnenquiche	46	600		●		●	●			
Maisquiche	46	770	●	●		●				●
Rosenkohlquiche	48	885	●			●			●	
Quiche mit zweierlei Pilzen	48	720	●				●	●		
Artischockenquiche	50	820	●	●			●			
Kräuterquarkquiche	51	760	●					●		
Quiche Lorraine	54	960				●			●	
Gemüsequiche mit Gorgonzola	54	670			●			●		
Pissaladière	56	690			●	●	●			
Provenzalische Tarte	56	700			●			●		
Schwäbischer Zwiebelkuchen	58	860			●					●
Flamiche au Camembert	59	760				●		●		
Orientalische Lammtarte	60	940			●	●	●			
Schweizer Käsewähe	60	845				●		●		

Wegweiser

Vorspeisen und Snacks

Mit einer Quiche fängt's an ... das Menü, denn als Vorspeise sind die saftig belegten, pikanten Kuchen einfach super. Außerdem lassen sie sich gut vorbereiten und man kann den Belag so auswählen, daß er perfekt mit dem Hauptgang harmoniert. Er sollte allerdings nicht zu üppig sein, damit Ihre Gäste nicht schon nach der Vorspeise satt sind. Als Ergänzung, aber auch als Garnitur paßt ein kleiner Salat sehr gut. Hierfür eignen sich Rucola, Feldsalat, Lollo rosso, Friséesalat und Radicchio besonders. Schön ist auch eine Mischung aus unterschiedlichen Blattsalatsorten. Den Salat neben der lauwarmen Quiche anrichten.

Ein Stückchen Quiche, begleitet von knackigem Salat, ist genau die richtige Einstimmung für ein gelungenes Menü.

Die netten Kleinen

Miniquiches sehen witzig aus und eignen sich besonders für eine größere Personenzahl als Snack oder zum Aperitif. Dafür einfach die Teig- und Belagmenge auf mehreren kleinen Formen verteilen.

TIP!

Wenn's mal ganz schnell gehen muß: In Feinkostläden oder beim Bäcker gibt es auch schon fertiggebackene Torteletts zu kaufen. Man muß sie dann nur noch mit einer vorbereiteten Füllung belegen und etwa 10 Minuten überbacken.
Für Gäste können Sie eine größere Menge dieser Torteletts zubereiten, vorbacken und einfrieren. Am besten eignet sich Mürbeteig dafür (Rezept auf Seite 6).

Vorspeisen und Snacks 5

In jeder Form super!

Zum Backen von pikanten Kuchen eignen sich nahezu alle der handelsüblichen Backformen. In der Regel haben die Formen einen Durchmesser von 26 cm, deshalb sind auch unsere Rezepte meist für 26er Formen ausgerichtet. Es gibt aber auch kleinere Formen mit 24 cm Durchmesser. Dafür muß die Belagmenge etwas reduziert werden.

Kleine Quicheförmchen

Tortelettförmchen sind aus Weißblech und aus Porzellan in unterschiedlichen Größen zu bekommen. Formen aus Porzellan sind zwar teurer als die entsprechenden aus Weißblech, weisen aber für die Quichesbäckerei die besseren Backeigenschaften auf.

Alle kleinen Förmchen müssen Sie gut einfetten, damit sich die kleinen Quiches gut aus der Form lösen und nicht zerbrechen beim Herausnehmen.

Springform

Diese Kuchenform mit abnehmbaren Rand gehört zum Standardinventar fast jeder Küche. Sie ist für weiche, sehr saftige Füllungen allerdings nicht so gut geeignet.

Tarteform

Diese Form wird manchmal auch Obstkuchenform genannt. Sie ist aus Metall, feuerfestem Glas, Porzellan oder Keramik. Normalerweise hat sie einen festen Boden und ist mit gewelltem und glattem Rand erhältlich.
Man kann die Quiche in der Form auf den Tisch bringen und aufschneiden.

Quicheform

Die Anschaffung dieser praktischen Form, die im Handel auch als Tarteform bekannt ist, lohnt sich durchaus, falls Sie häufig Quiches backen. Die Quicheform ist aus Metall, hat ebenfalls einen Wellenrand, aber einen losen Boden, den man dann samt der Quiche einfach herausheben kann.

Auflaufform

Wenn Sie keine richtige Quicheform besitzen, können Sie auch eine flache Gratinform aus Keramik oder hitzebeständigem Glas verwenden.

Backblech

Das Blech aus dem Backofen ist für eine größere Personenzahl einfach ideal. Die Menge der einfachen Quicherezepte einfach verdoppeln. Das Blech am besten mit Backpapier auslegen.

TIP!

Manchmal ist es nicht einfach, die Quiche aus der Form zu bekommen, besonders dann, wenn der Belag ziemlich schwer ist. So gelingt's: Falten Sie aus Backpapier zwei etwa 7 cm breite Streifen. Falten Sie diese Streifen doppelt, so daß sie stabiler sind und etwa doppelt so lang wie der Durchmesser der Form. Diese Streifen legen Sie über Kreuz in die gefettete oder ausgelegte Form (dann unter das Backpapier) und stecken sie während des Backens unter die Form. Nach dem Backen die Streifen zusammenführen und die fertige Quiche aus der Form heben.

6 Vorspeisen und Snacks

Spargeltarte mit Schinkencreme

- Raffiniert
- Für Gäste

Zutaten für eine Form von 26 cm ø:

Für den Teig:
125 g Magerquark
250 g Mehl
125 g kalte Butter
Salz
Für den Belag:
500 g grüner Spargel
200 g gekochter Schinken
50 g Kerbel
250 g Crème fraîche
Salz
Pfeffer
1 TL Zitronensaft
2 Eier
Fett für die Form

Zubereitungszeit: 30 Min.
Backzeit: 40 Min.

Bei 6 Personen pro Portion ca.:
2510 kJ / 600 kcal
18 g EW / 42 g F / 40 g KH

1 Den Quark in einem Sieb 10 Min. abtropfen lassen. Dann das Mehl mit dem Quark in eine Schüssel füllen. Die Butter klein würfeln, mit dem Salz zum Mehl geben und alles zu einem geschmeidigen Teig verkneten. Zugedeckt 30 Min. kühl stellen.

2 Den Spargel waschen und das untere Drittel schälen. Reichlich Salzwasser aufkochen und den Spargel darin 10 Min.

garen. Den Spargel in ein Sieb abgießen und eiskalt abschrecken, damit er seine Farbe behält. Spargel sehr gut abtropfen lassen.

3 Den Schinken, falls nötig, vom Fettrand befreien und grob in Stücke schneiden. Den Kerbel waschen und abzupfen. Zusammen mit dem Schinken und der Crème fraîche im Mixer pürieren. Das Püree mit Salz, Pfeffer und Zitronensaft abschmecken. Die Eier verquirlen und untermischen. Den Backofen auf 200° vorheizen.

4 Die Form einfetten. Den Teig ausrollen, in die Form legen und einen etwa 3 cm hohen Rand formen. Den Spargel so auf den Teig legen, daß die Spitzen zum Teigrand zeigen. Die Schinkenmischung gleichmäßig darauf verteilen. Quiche im Backofen (Mitte, Umluft 180°) 30 Min. backen.

Miniquiches mit Kirschtomaten

- Für Gäste
- Gelingt leicht

Für 12 Förmchen von 8 cm ø:

Für den Teig:
200 g Mehl
100 g kalte Butter
1 Ei
1 Prise Salz
Für den Belag:
250 g Kirschtomaten
3 Frühlingszwiebeln
80 g frisch geriebener Gruyère
150 g Crème fraîche
2 Eier
Salz • Pfeffer
Muskatnuß
Mehl für die Arbeitsfläche
Fett für die Förmchen

Zubereitungszeit: 35 Min.
Backzeit: 20 Min.

Pro Quiche ca.: 908 kJ / 220 kcal
6 g EW / 15 g F / 15 g KH

1 Das Mehl in eine Schüssel füllen, die Butter klein würfeln und mit dem Ei und dem Salz zu einem geschmeidigen Teig verkneten. Zugedeckt 30 Min. im Kühlschrank ruhen lassen.

2 Stielansätze der Kirschtomaten entfernen. Tomaten kurz überbrühen, häuten und halbieren. Die Frühlingszwiebeln putzen, waschen und in sehr feine Ringe schneiden.

3 Käse mit Crème fraîche und den Eiern verrühren und mit Salz, Pfeffer und Muskat würzen.

4 Den Backofen auf 200° vorheizen. Den Teig nochmals kräftig durchkneten und auf einer bemehlten Fläche portionsweise ausrollen, die Förmchen einfetten, mit dem Teig auslegen und einen Rand formen. Mehrmals mit einer Gabel einstechen.

5 Die Kirschtomaten mit den Frühlingszwiebeln auf dem Teig verteilen. Mit der Käsemischung gleichmäßig begießen und 20 Min. (unten, Umluft 180°) backen.

> **TIP!**
> Die mit Teig ausgelegten Förmchen kann man gut einfrieren, dann geht's schneller, wenn Gäste kommen.

**Im Bild oben: Miniquiches mit Kirschtomaten
Im Bild unten: Spargeltarte mit Schinkencreme**

Vorspeisen und Snacks

Champignonquiche

- Für Gäste
- Gelingt leicht

Für eine Form von 26 cm ø:

Für den Teig:
250 g Mehl
1 EL gemahlene Mandeln
125 g kalte Butter
1 Ei
Salz

Für den Belag:
100 g Räucherschinken in nicht zu dünnen Scheiben
1 EL Öl
1 große Zwiebel
750 g Champignons
4 EL trockener Sherry (ersatzweise Brühe)
Salz
Pfeffer
1 Bund Schnittlauch
100 g frisch geriebener Comté oder Gouda
Fett für die Form
Mehl für die Arbeitsfläche

Zubereitungszeit: 35 Min.
Backzeit: 35 Min.

Bei 6 Personen pro Portion ca.:
1900 kJ / 460 kcal
14 g EW / 26 g F / 40 g KH

1 Das Mehl mit den Mandeln in einer Schüssel vermischen. Die Butter klein würfeln und mit dem Ei und dem Salz zum Mehl geben. Alles zu einem geschmeidigen Teig verarbeiten. Zugedeckt 30 Min. im Kühlschrank ruhen lassen.

2 Den Schinken klein würfeln. Das Öl in einer großen Pfanne erhitzen und die Schinkenwürfel bei milder Hitze 5 Min. leicht anbraten. Die Zwiebel schälen, fein würfeln und 5 Min. mitdünsten.

3 Die Champignons putzen, in dünne Scheiben schneiden, in der Pfanne 10 Min. mitdünsten. Mit dem Sherry ablöschen und mit Salz und Pfeffer würzen. Die Pfanne vom Herd nehmen.

4 Den Schnittlauch waschen, in Röllchen schneiden und mit der Hälfte des Käses unter die Champignons mischen. Den Backofen auf 200° vorheizen. Die Form einfetten. Den Teig auf einer bemehlten Fläche in der Größe der Form ausrollen, in die Form legen und einen etwa 3 cm hohen Rand formen.

5 Die Pilzmischung gleichmäßig auf dem Teig verteilen und mit dem restlichen Käse bestreuen. Im Backofen (Mitte, Umluft 180°) in 35 Min. goldgelb backen. Dazu paßt Paprikasauce (Rezept Seite 29).

Roquefortquiche

- Raffiniert
- Gut vorzubereiten

Für eine Form von 26 cm ø:

Für den Teig:
100 g Butter
5 EL Weißwein (ersatzweise Wasser)
200 g Mehl
1 TL Salz
Für den Belag:
250 g Schalotten
2 EL Butter
200 g Roquefort
150 g Crème fraîche
2 Eier
Salz
schwarzer Pfeffer
Fett für die Form
Mehl für die Arbeitsfläche

Zubereitungszeit: 30 Min.
Backzeit: 40 Min.

Bei 6 Personen pro Portion ca.:
2290 kJ / 550 kcal
14 g EW / 39 g F / 33 g KH

1 Die Butter in einen kleinen Topf geben und bei milder Hitze schmelzen. Den Topf vom Herd nehmen und den Weißwein dazugießen. Das Mehl und das Salz untermischen und alles zu einem geschmeidigen Teig verarbeiten. Zugedeckt 30 Min. im Kühlschrank ruhen lassen.

2 Die Schalotten schälen und in feine Ringe schneiden. Die Butter in einer Pfanne erhitzen und die Schalottenringe darin in 10 Min. bei milder Hitze weich dünsten. Vom Herd nehmen und abkühlen lassen.

3 Den Roquefort in kleine Stücke schneiden und mit der Crème fraîche in eine Schüssel füllen. Die Eier dazugeben und alles gründlich verrühren. Die Schalottenringe untermischen, alles mit Salz und Pfeffer würzen. Den Backofen auf 200° vorheizen.

4 Eine Form einfetten. Den Teig auf einer bemehlten Arbeitsfläche ausrollen, in die Form legen und einen etwa 3 cm hohen Rand formen. Die Käse-Schalotten-Mischung gleichmäßig darauf verteilen. Quiche im Backofen (Mitte, Umluft 180°) 30 Min. backen. Gleich heiß servieren. Dazu paßt Rucolasalat.

Vorspeisen und Snacks

Lauchquiche mit Lachs

- Für Gäste
- Raffiniert

Für eine Form von 26 cm ø:

Für den Teig:
200 g Mehl
100 g kalte Butter
1 Ei
1 Prise Salz
Für den Belag:
800 g Lauch
Salz
200 g Räucherlachs in Scheiben
200 g Crème fraîche
2 Eier
Pfeffer
1 Prise Cayennepfeffer
Fett für die Form
Mehl für die Arbeitsfläche

Zubereitungszeit: 45 Min.
Backzeit: 30 Min.

Bei 6 Personen pro Portion ca.:
1980 kJ / 470 kcal
14 g EW / 31 g F / 35 g KH

1 Das Mehl in eine Schüssel füllen, die Butter klein würfeln und mit dem Ei und dem Salz zu einem geschmeidigen Teig verkneten. Zugedeckt 30 Min. im Kühlschrank ruhen lassen.

2 Den Lauch putzen, längs aufschneiden und gründlich waschen. Lauch in schmale Ringe schneiden. Reichlich Salzwasser aufkochen, den Lauch 1 Min. blanchieren und eiskalt abschrecken. Sehr gut abtropfen lassen.

3 Den Backofen auf 200° vorheizen. Den Räucherlachs in schmale Streifen schneiden und mit dem Lauch in eine Schüssel füllen. Die Crème fraîche und die Eier in einer anderen Schüssel verrühren, mit Salz, Pfeffer und Cayennepfeffer würzen und unter den Lauch mischen.

4 Die Form einfetten. Den Teig auf einer bemehlten Arbeitsfläche ausrollen, in die Form legen und einen etwa 3 cm hohen Rand formen. Die Lauch-Räucherlachs-Mischung gleichmäßig darauf verteilen. Die Quiche im Backofen (Mitte, Umluft 180°) 30 Min. backen.

> **TIP!**
> Die Quiche als Vorspeise in Stücke schneiden und mit einem kleinen Blattsalat anrichten.

Tomatenquiche mit Robiola

- Raffiniert
- Vegetarisch

Für eine Form von 26 cm ø:

Für den Teig:
250 g Mehl
125 g kalte Butter
1 Ei • 1 TL Salz
Für den Belag:
750 g Tomaten
1 Bund Basilikum
100 g Sahne
300 g Robiola (italienischer Kräuterkäse, ersatzweise Frischkäse mit Kräutern)
2 Eier
Salz • Pfeffer
Fett für die Form
Mehl für die Arbeitsfläche

Zubereitungszeit: 30 Min.
Backzeit: 35 Min.

Bei 6 Personen pro Portion ca.:
2400 kJ / 570 kcal
12 g EW / 41 g F / 40 g KH

1 Das Mehl in eine Schüssel füllen, die Butter klein würfeln und mit 2 EL Wasser, dem Ei und dem Salz zu einem Teig verkneten. Zugedeckt 30 Min. im Kühlschrank ruhen lassen.

2 Stielansätze der Tomaten entfernen, Tomaten kurz überbrühen, häuten und achteln. Das Basilikum abbrausen, Blättchen abzupfen und in schmale Streifen schneiden.

3 Die Sahne in einer Schüssel mit dem Robiola mischen. Die Eier mit der Sahne-Käse-Mischung verquirlen. Mit Salz und Pfeffer würzen, das Basilikum unterrühren.

4 Den Backofen auf 200° vorheizen. Die Form einfetten. Den Teig auf einer bemehlten Abeitsfläche ausrollen, in die Form legen und einen etwa 3 cm hohen Rand formen.

5 Die Tomatenachtel kreisförmig auf den Teig legen, salzen und pfeffern und mit der Eiermischung gleichmäßig übergießen. Im Backofen (unten, Umluft 180°) 35 Min. backen. Dazu schmeckt Kräuter-Joghurtsauce (Rezept Seite 28).

Garnelenquiche mit Safran

- Raffiniert
- Gelingt leicht

Für eine Form von 26 cm ø:

Für den Teig:
100 g Butter
5 EL trockener Weißwein (ersatzweise Wasser)
200 g Mehl
1 TL Salz

Für den Belag:
250 g gegarte und geschälte Tiefseegarnelen
2 EL Zitronensaft
1 Bund Dill
2 Schalotten
1 EL Butter
2 Eier
1 Döschen gemahlener Safran
Salz
weißer Pfeffer
250 g Sahne
Fett für die Form
Mehl für die Arbeitsfläche

Zubereitungszeit: 30 Min.
Backzeit: 30 Min.

Bei 6 Personen pro Portion ca.:
1880 kJ / 450 kcal
16 g EW / 29 g F / 30 g KH

1 Die Butter in einen kleinen Topf geben und bei milder Hitze schmelzen. Den Topf vom Herd nehmen und den Weißwein dazugießen. Das Mehl und das Salz untermischen und alles zu einem geschmeidigen Teig verarbeiten. Zugedeckt 30 Min. im Kühlschrank ruhen lassen.

2 Die Garnelen kalt abbrausen und trockentupfen. In eine Schüssel geben, mit dem Zitronensaft beträufeln. Den Dill waschen, abzupfen und fein hacken. Dill mit den Garnelen vermischen. Garnelen zugedeckt bis zum Weiterverwenden in den Kühlschrank stellen.

3 Die Schalotten schälen und fein hacken. Die Butter in einer Pfanne erhitzen und die Schalotten in 5 Min. bei mittlerer Hitze weich dünsten. Vom Herd nehmen und abkühlen lassen.

4 Die Eier in einer Schüssel aufschlagen. Den Safran unterrühren, Eier mit Salz und Pfeffer würzen. Die Sahne unterrühren. Den Backofen auf 200° vorheizen.

5 Die Form einfetten. Den Teig auf einer bemehlten Arbeitsfläche ausrollen, in die Form legen und einen etwa 2 cm hohen Rand formen. Die Garnelen darauf verteilen und mit der Eiermischung übergießen. Im Backofen (Mitte, Umluft 180°) 30 Min. backen. Noch heiß servieren.

Forellenquiche

- Gelingt leicht
- Für Gäste

Für eine Form von 26 cm ø:

Für den Teig:
150 g Magerquark
150 g Mehl
150 g weiche Butter
1 Prise Salz

Für den Belag:
375 g geräucherte Forellenfilets ohne Haut und Gräten (3 Päckchen)
300 g Crème fraîche
2 EL Meerrettich (aus dem Glas)
1 EL Zitronensaft
1 Bund Schnittlauch
Salz • weißer Pfeffer
2 Eier
Fett für die Form
Mehl für die Arbeitsfläche

Zubereitungszeit: 35 Min.
Backzeit: 35 Min.

Bei 6 Personen pro Portion ca.:
2560 kJ / 610 kcal
22 g EW / 48 g F / 23 g KH

1 Den Quark in einem Sieb 10 Min. abtropfen lassen. Dann das Mehl mit dem Quark in eine Schüssel füllen. Die Butter mit dem Salz zum Mehl geben. Alles mit den Knethaken des Handrührers oder mit den Händen zu einem geschmeidigen Teig verkneten. Zugedeckt 30 Min. im Kühlschrank ruhen lassen.

2 Die Forellenfilets mit der Crème fraîche im Mixer pürieren. Den Meerrettich mit dem Zitronensaft unter das Püree mischen. Den Schnittlauch waschen, kleinschneiden und unterrühren. Die Masse mit Salz und Pfeffer abschmecken.

3 Den Backofen auf 200° vorheizen. Die Eier trennen und die Eigelbe unter die Masse rühren. Die Eiweiße zu steifem Schnee schlagen und gleichmäßig unterheben.

4 Die Form einfetten. Den Teig auf einer bemehlten Fläche ausrollen, in die Form legen und einen Rand von etwa 3 cm formen. Die Masse darauf verteilen und die Quiche im vorgeheizten Backofen (Mitte, Umluft 180°) 35 Min. backen.

Im Bild oben: Forellenquiche
Im Bild unten: Garnelenquiche mit Safran

Vorspeisen und Snacks

Gorgonzolaquiche mit Birnen

- Raffiniert
- Für Gäste

Für eine Form von 26 cm ø:

300 g tiefgekühlter Blätterteig
2 mittelgroße, reife Birnen (zum Beispiel Williams)
5 EL Zitronensaft
200 g Gorgonzola
250 g Sahnequark
2 Eier
Salz
Pfeffer
Muskatnuß
Fett für die Form
Mehl für die Arbeitsfläche

Zubereitungszeit: 30 Min.
Backzeit: 30 Min.

Bei 6 Personen pro Portion ca.:
2150 kJ / 510 kcal
16 g EW / 36 g F / 34 g KH

1 Den Blätterteig aus der Packung nehmen, die Platten nebeneinanderlegen und auftauen lassen.

2 Die Birnen schälen, längs halbieren und das Kerngehäuse entfernen. Die Früchte mit dem Zitronensaft beträufeln, in einen Topf legen und knapp mit Wasser bedecken. Aufkochen lassen und 5 Min. bei milder Hitze zugedeckt garen. Die Birnen mit einem Schaumlöffel herausnehmen und sehr gut abtropfen lassen.

3 Den Gorgonzola in einer Schüssel mit einer Gabel zerdrücken. Den Quark mit den Eiern untermischen und mit Salz, Pfeffer und Muskat würzen. Den Backofen auf 220° vorheizen.

4 Die Form einfetten. Den Blätterteig auf einer bemehlten Arbeitsfläche ausrollen und in eine Form legen, dabei einen Rand von etwa 3 cm formen. Die Birnenhälften quer in schmale Spalten schneiden und etwas flach drücken.

5 Die Birnen auf den Teigboden legen und die Käsemischung dazwischengießen. Die Quiche im vorgeheizten Backofen (Mitte, Umluft 200°) 10 Min. backen, dann die Hitze auf 200° (Umluft 180°) reduzieren und in 20 Min. fertigbacken. Die Quiche vor dem Servieren aus der Mühle pfeffern. Dazu paßt Feldsalat.

Vorspeisen und Snacks

Räucherfischquiche

- Raffiniert
- Gut vorzubereiten

Für eine Form von 26 cm ø:

Für den Teig:
150 g weiche Butter
150 g Magerquark
150 g Mehl
1 Prise Salz

Für den Belag:
500 g Fenchel
Salz
400 g Schillerlocken
2 Eier
1/4 l Milch
Salz
Pfeffer
1 Prise Muskatnuß
Fett für die Form
Mehl für die Arbeitsfläche

Zubereitungszeit: 30 Min.
Backzeit: 35 Min.

Bei 6 Personen pro Portion ca.:
1910 kJ / 460 kcal
24 g EW / 29 g F / 27 g KH

1 Die Butter in eine Schüssel füllen, den Quark, das Mehl und das Salz dazugeben und alles mit den Knethaken des Handrührers oder mit den Händen zu einem geschmeidigen Teig verkneten. Zugedeckt 30 Min. im Kühlschrank ruhen lassen.

2 Den Fenchel putzen und waschen. Das Fenchelgrün abschneiden, fein hacken und beiseite stellen. Die Fenchelknollen längs in dünne Scheiben schneiden. In kochendem Salzwasser in 3 Min. bißfest garen und in einem Sieb sehr gut abtropfen lassen.

3 Die Schillerlocken schräg in 1/2 cm breite Scheiben schneiden. Die Eier mit der Milch verquirlen und mit Salz, Pfeffer und Muskatnuß kräftig würzen.

4 Den Backofen auf 200° vorheizen. Die Form einfetten. Den Teig auf einer bemehlten Arbeitsfläche ausrollen, in die Form legen und einen etwa 3 cm hohen Rand formen.

5 Den Fenchel auf dem Teigboden verteilen, mit dem Fenchelgrün bestreuen, salzen und pfeffern. Die Schillerlocken darauf legen und mit der Eiermilch übergießen. Die Quiche im Backofen (Mitte, Umluft 180°) 35 Min. backen. Sofort servieren. Dazu paßt gemischter Blattsalat.

Rezepte für üppige, herzhafte Quiches, die Sie als volle Mahlzeit für vier Personen servieren können, finden Sie in diesem Kapitel. Wenn es eine Vorspeise oder eine Suppe vorher gibt, und hinterher vielleicht noch ein Dessert, reicht eine Quiche auch für sechs Personen. Dazu können Sie eine Sauce (Tips und Rezepte auf den Seiten 28 und 29) oder einen frischen, knackigen Salat reichen.

Salat, Salat!

Die Beilagensalate passen zu fast allen Quiches. Die einzelnen Zutaten sind ganzjährig erhältlich, so können Sie saisonunabhängig planen und kombinieren. Alle Salate reichen als Beilage für 4–6 Personen. Die Vinaigrette ist ein Grundrezept, das Sie beliebig variieren können.

Gemischter Salat mit Schnittlauchvinaigrette

1 Kopfsalat
250 g Tomaten
1 kleine oder 1/2 Gurke
1 gelbe Paprikaschote
Für die Vinaigrette:
1 Bund Schnittlauch
3 EL Essig
Salz • Pfeffer
1 TL Senf
5 EL Öl

Den Kopfsalat putzen, waschen, abtropfen lassen und die Blätter kleinzupfen. Die Tomaten waschen, achteln und den Stielansatz entfernen. Die Gurke schälen, vierteln und in nicht zu dünne Scheiben schneiden. Die Paprikaschote putzen waschen, längs achteln, dann in schmale Streifen schneiden. Den Schnittlauch waschen und in feine Röllchen schneiden. In einer großen Salatschüssel den Essig, das Salz, Pfeffer und den Senf verrühren, dann mit einem Schneebesen das Öl langsam unterschlagen, bis eine cremige Marinade entstanden ist. Alle Zutaten mehrmals darin wenden und zur Quiche servieren.

Quiches zum Sattessen

Tomatensalat mit Frühlingszwiebeln

600 g Tomaten waschen, in Scheiben schneiden und schuppenartig auf eine Platte legen, salzen und pfeffern.
3 Frühlingszwiebeln putzen, waschen, in schmale Ringe schneiden und darüber streuen. Vinaigrette ohne Schnittlauch zubereiten und darüber träufeln.

Romanasalat mit Radieschen und Kresse

Einen Romanasalat in breite Streifen schneiden, gründlich waschen und gut abtropfen lassen. Ein Bund Radieschen putzen und waschen. Die Radieschen achteln. Die Kresse abrausen und die Blättchen über der Schüssel abschneiden. Alle Zutaten mit der Vinaigrette (Grundrezept) gut mischen.

Gurkensalat mit Dill und Sesam

Eine große Gurke schälen, in Scheiben hobeln. Eine Vinaigrette nach dem Grundrezept zubereiten, mit 4 EL Joghurt und einem Bund gehacktem Dill mischen. 2 EL Sesam in einer beschichteten Pfanne goldbraun rösten und untermischen. Die Sauce unter die Gurkenscheiben heben.

Vinaigrette-Varianten

Je nach Geschmack läßt sich das Grundrezept für die Vinaigrette auf Seite 16 (ohne Schnittlauch) mit folgenden Zutaten anreichern:
- 1 kleiner Becher Joghurt
- 100 g zerdrückten Blauschimmelkäse
- 150 g gewürfelter Schafkäse
- 150 g ausgebratene Speckwürfel
- 1 feingehackte Zwiebel
- 2 durchgepreßte Knoblauchzehen
- Nüsse, Pinienkerne oder Mandelstifte

Frisches zum süßen Schluß

Nach einer üppigen pikanten Quiche sollten Sie sich und Ihre Gäste mit einem feinen Dessert verwöhnen. Bekömmlicher und erfrischender als eine schwere Mousse oder Creme ist immer eine Schüssel mit frischem aromatischen Obst der Saison, etwa reifen süßen Erdbeeren oder Kirschen. Aber auch ein Obstsalat, den Sie je nach jahreszeitlichem Angebot abwandeln können, ist eine willkommene Alternative. Im Sommer ist natürlich die Obst-Palette am größten.

Der folgende Fruchtsalat reicht als Desssert für 4–6 Personen. Dazu können Sie nach Belieben natürlich noch 200 g halbsteif geschlagene Sahne, aromatisiert mit etwas Vanillezucker, oder auch Vanilleeis reichen.

Salat aus Sommerfrüchten

Eine reife, aromatische Melone (beispielsweise eine Cantaloupe) vierteln, Kerne entfernen und das Fruchtfleisch klein würfeln. In einer Schüssel mit 250 g gewaschenen, geputzten, klein geschnittenen Erdbeeren und 150 g Heidelbeeren mischen. 4 EL Honig mit 4 EL Zitronensaft und nach Belieben 2 EL gehackten grünen Pistazien verrühren, über den Salat gießen. Nach Belieben mit Minze garnieren. Den Obstsalat vor dem Servieren zugedeckt 30 Min. im Kühlschrank ziehen lassen.

Links: Tomatensalat mit Frühlingszwiebeln
Oben: Romanasalat mit Radieschen und Kresse
Rechts: Gurkensalat mit Dill und Sesam

Weißkohlquiche mit Mett

- Preiswert
- Gut vorzubereiten

**Für eine Form
von 26 cm ø:**

Für den Teig:
200 g Dinkelmehl
100 g kalte Butter
1 Ei
1 Prise Salz
Für den Belag:
1 Kopf Weißkohl
(etwa 800 g)
1 große Zwiebel
1 EL Öl
500 g Zwiebelmett
Salz • Pfeffer
1 EL Kümmelkörner
3 Eier
150 g Crème fraîche
Fett für die Form
Mehl für die Arbeitsfläche

Zubereitungszeit: 30 Min.
Backzeit: 40 Min.

Bei 4 Personen pro Portion ca.:
4210 kJ / 1000 kcal
32 g EW / 77 g F / 50 g KH

1 Das Mehl in eine Schüssel füllen, die Butter klein würfeln und mit dem Ei und dem Salz zu einem geschmeidigen Teig verkneten. Zugedeckt 30 Min. im Kühlschrank ruhen lassen.

2 Den Weißkohl vierteln, den Strunk herausschneiden und die Weißkohlviertel in feine Streifen hobeln. Die Weißkohlstreifen waschen und in einem Sieb gut abtropfen lassen.

3 Die Zwiebel schälen und fein hacken. In einem breiten Topf das Öl erhitzen, die Zwiebeln darin andünsten. Das Zwiebelmett mit anbraten. Den Weißkohl untermischen und alles 15 Min. dünsten. Mit Salz, Pfeffer und Kümmel würzen und den Topf vom Herd nehmen.

4 Den Backofen auf 200° vorheizen. Die Springform einfetten. Den Teig auf einer bemehlten Arbeitsfläche etwa in Größe der Form ausrollen, in die Form legen und einen etwa 3 cm hohen Rand hochdrücken.

5 Die Eier und die Crème fraîche unter den Weißkohl rühren und auf dem Teig verteilen. Die Quiche im Backofen (Mitte, Umluft 180°) etwa 40 Min. backen.

Lyonerquiche

- Gelingt leicht
- Preiswert

**Für eine Form
von 26 cm ø:**

Für den Teig:
250 g Mehl
125 g kalte Butter
1 TL Salz
1 Ei
Für den Belag:
1 Bund Frühlingszwiebeln
2 EL Butter
500 g Lyoner
100 g Sahne
3 EL Senf
2 Eier
Salz • Pfeffer
50 g frisch geriebener
Gouda
Fett für die Form
Mehl für die Arbeitsfläche

Zubereitungszeit: 25 Min.
Backzeit: 35 Min.

Bei 4 Personen pro Portion ca.:
4990 kJ / 1190 kcal
30 g EW / 95 g F / 53 g KH

1 Das Mehl in eine Schüssel füllen, die Butter klein würfeln und mit dem Salz und dem Ei zu einem geschmeidigen Teig verkneten. Zugedeckt 30 Min. im Kühlschrank ruhen lassen.

2 Die Frühlingszwiebeln putzen, waschen und in feine Ringe schneiden. Die Butter in einer Pfanne erhitzen und die Frühlingszwiebeln darin 5 Min. dünsten, danach abkühlen lassen.

3 Die Lyoner häuten und in nicht zu dünne Scheiben schneiden. Die Sahne mit dem Senf und den Eiern verrühren, mit Salz und Pfeffer würzen und die Frühlingszwiebeln untermischen.

4 Den Backofen auf 200° vorheizen. Die Form einfetten. Den Teig auf einer bemehlten Fläche ausrollen, in die Form legen und einen Rand von etwa 3 cm formen.

5 Die Lyoner schuppenartig auf den Teigboden legen. Mit der Eiermischung übergießen und mit dem Käse bestreuen. Im Backofen (Mitte, Umluft 200°) 35 Min. backen. Gleich heiß aus dem Ofen servieren. Dazu paßt Tomatensalat oder Tomatensauce mit Kapern (Rezept Seite 29).

Im Bild oben: Weißkohlquiche mit Mett
Im Bild unten: Lyonerquiche

Quiches zum Sattessen

Brokkoliquiche mit Putenbrust

● Gut vorzubereiten
● Für Gäste

Für eine Form von 26 cm ø:

Für den Teig:
100 g Butter
200 g Mehl • 1 TL Salz
Für den Belag:
500 g Brokkoli
200 g geräucherte Putenbrust in dickeren Scheiben
2 mittelgroße Zwiebeln
1 EL Öl
250 g saure Sahne
2 Eier
50 g frisch geriebener Gouda
schwarzer Pfeffer
Muskatnuß
Fett für die Form
Mehl für die Arbeitsfläche

Zubereitungszeit: 30 Min.
Backzeit: 35 Min.

Bei 4 Personen pro Portion ca.:
2895 kJ / 690 kcal
29 g EW / 43 g F / 51 g KH

1 Die Butter in einen kleinen Topf geben und bei milder Hitze schmelzen. Den Topf vom Herd nehmen und 5 EL Wasser dazugießen. Das Mehl und das Salz untermischen und alles zu einem Teig verarbeiten. Zugedeckt 30 Min. im Kühlschrank ruhen lassen.

2 Den Brokkoli in kleine Röschen teilen und waschen. Die dicken Stiele schälen und klein würfeln. Den Brokkoli in kochendem Wasser 3 Min. blanchieren, in ein Sieb geben, eiskalt abschrecken und sehr gut abtropfen lassen. Die Putenbrust in schmale Streifen schneiden.

3 Die Zwiebeln schälen und fein hacken. Das Öl in einer Pfanne erhitzen, die Zwiebelwürfel darin weich dünsten. Die Putenbrust mit den Zwiebeln vermischen und die Pfanne von der Herdplatte nehmen.

4 Die saure Sahne mit den Eiern und dem Käse verrühren. Die Putenbrust-Zwiebel-Mischung ebenfalls unterrühren, mit Pfeffer und Muskat würzen. Den Backofen auf 200° vorheizen.

5 Die Form einfetten. Den Teig auf einer bemehlten Arbeitsfläche ausrollen, in die Form legen und einen etwa 3 cm hohen Rand formen. Den Brokkoli darauf verteilen und mit der Sahnemischung gleichmäßig übergießen. Im Backofen (Mitte, Umluft 180°) 35 Min. backen.
Dazu paßt Gorgonzolasauce (Rezept Seite 29).

Quiches zum Sattessen 21

Chiliquiche

- Gelingt leicht
- Raffiniert

Für eine Form von 26 cm ø:

Für den Teig:
125 g Magerquark
1 TL Salz
3 EL Olivenöl
1 Ei • 200 g Mehl

Für den Belag:
2 Dosen Kidneybohnen (je 250 g Inhalt)
1 mittelgroße Lauchstange
1 EL Olivenöl
400 g Rinderhackfleisch
5 EL Tomatenmark
2 Knoblauchzehen
Salz
Pfeffer
1 Prise Chilipulver
1 TL Oregano, frisch oder getrocknet
1 Ei
100 g frisch geriebener Emmentaler
Fett für die Form
Mehl für die Arbeitsfläche

Zubereitungszeit: 30 Min.
Backzeit: 30 Min.

Bei 4 Personen pro Portion ca.:
3260 kJ / 780 kcal
27 g EW / 24 g F / 128 g KH

1 Den Magerquark in eine Schüssel füllen und mit Salz, Olivenöl und dem Ei verrühren. Mit dem Mehl zu einem Teig verkneten. Zugedeckt im Kühlschrank 30 Min. ruhen lassen.

2 Die Kidneybohnen in einem Sieb abtropfen lassen. Den Lauch putzen, längs aufschneiden und gründlich waschen, dann in feine Ringe schneiden. In einer großen Pfanne das Öl erhitzen und das Hackfleisch in etwa 5 Min. krümelig braten. Den Lauch 5 Min. mitdünsten, das Tomatenmark untermischen. Den Knoblauch schälen und dazupressen.

3 Die Kidneybohnen unter das Hackfleisch mischen und mit Salz, Pfeffer, Chilipulver und Oregano kräftig würzen. Die Pfanne vom Herd nehmen und die Mischung abkühlen lassen.

4 Den Backofen auf 200° vorheizen. Die Form einfetten. Den Teig auf einer bemehlten Arbeitsfläche ausrollen, in die Form legen und einen etwa 3 cm hohen Rand formen.

5 Das Ei und die Hälfte des Käses unter das Chili mischen, auf dem Teig verteilen und glattstreichen. Mit dem restlichen Käse bestreuen und die Quiche im Backofen (Mitte, Umluft 180°) 30 Min. backen.
Dazu paßt Tomaten-Paprikasalat oder die pikante Paprikasauce (Rezept Seite 29) sehr gut.

Schweinefiletquiche

- Raffiniert
- Gelingt leicht

Für eine Form von 26 cm ø:

Für den Teig:
250 g Weizenvollkornmehl
125 g kalte Butter
1 Ei
1 Prise Salz

Für den Belag:
500 g Schweinefilet
2 Knoblauchzehen
2 EL Öl
Salz
Pfeffer
1 Prise Muskatnuß
3 TL Curry
300 g tiefgekühlte Erbsen
3 Eier
1/4 l Milch
Fett für die Form
Mehl für die Arbeitsfläche

Zubereitungszeit: 30 Min.
Backzeit: 30 Min.

Bei 4 Personen pro Portion ca.:
3470 kJ / 830 kcal
40 g EW / 49 g F / 61 g KH

1 Das Mehl in eine Schüssel füllen. Die Butter klein würfeln und mit dem Ei und dem Salz zum Mehl geben. Alles zu einem geschmeidigen Teig verkneten und zugedeckt 30 Min. im Kühlschrank ruhen lassen.

2 Das Schweinefilet in schmale Streifen schneiden. Den Knoblauch schälen. Das Öl in einer breiten Pfanne erhitzen und die Fleischstreifen bei mittlerer Hitze anbraten. Den Knoblauch darüber pressen und 3 Min. mitbraten. Mit Salz, Pfeffer, Muskat und Curry kräftig würzen. Die Pfanne vom Herd nehmen.

3 Die Erbsen in Salzwasser 3 Min. blanchieren. In ein Sieb schütten, eiskalt abschrecken und sehr gut abtropfen lassen.

4 Den Backofen auf 200° vorheizen. Die Eier mit der Milch gut verquirlen, mit Salz, Pfeffer und Muskat würzen.

5 Die Form einfetten. Den Teig auf einer bemehlten Arbeitsfläche ausrollen, in die Form legen und einen etwa 3 cm hohen Rand formen. Die Erbsen unter die Fleischstreifen mischen und auf dem Teigboden verteilen. Mit der Eiermilch übergießen und im Backofen (Mitte, Umluft 180°) 30 Min. backen. Dazu paßt sowohl die Kräuter-Joghurtsauce (Rezept Seite 28) oder als pikante Zugabe die Paprikasauce (Rezept Seite 29).

Hackfleischquiche

- Preiswert
- Gut vorzubereiten

Für eine Form von 26 cm ø:

Für den Teig:
150 g Mehl
150 g kalte Butter
150 g Magerquark
1 TL Salz

Für den Belag:
1 große Zwiebel *(Gemüse)*
2 EL Olivenöl
2 Knoblauchzehen
400 g gemischtes Hackfleisch
5 EL Tomatenmark
Salz
Pfeffer
je 1 TL getrockneter Oregano und Thymian
1 Bund Petersilie
2 Eier
80 g frisch geriebener Emmentaler > /50 g
Fett für die Form
Mehl für die Arbeitsfläche

Zubereitungszeit: 30 Min.
Backzeit: 30 Min.

Bei 4 Personen pro Portion ca.:
3765 kJ / 900 kcal
22 g EW / 50 g F / 108 g KH

1 Das Mehl in eine Schüssel füllen. Die Butter klein würfeln und mit dem Magerquark und dem Salz dazugeben. Alles zu einem geschmeidigen Teig verkneten. Zugedeckt 30 Min. im Kühlschrank ruhen lassen.

2 Die Zwiebel schälen und klein würfeln. Das Öl in einer großen Pfanne erhitzen, die Zwiebel bei mittlerer Hitze 5 Min. andünsten, den Knoblauch schälen und dazupressen.

3 Das Hackfleisch zu den Zwiebelwürfeln geben und bei mittlerer Hitze in 10 Min. krümelig braten. Das Tomatenmark untermischen und mit Salz, Pfeffer, Oregano und Thymian würzen. Die Pfanne von der Herdplatte nehmen.

4 Die Petersilie waschen, Blättchen abzupfen, fein hacken und mit den Eiern und der Hälfte des Käses unter das Hackfleisch mischen.

5 Den Backofen auf 200° vorheizen. Die Form einfetten. Den Teig auf einer bemehlten Fläche ausrollen, in die Form legen und einen etwa 3 cm hohen Rand formen. Die Hackfleischmasse darauf verteilen, glattstreichen und die Quiche mit dem restlichen Käse bestreuen.

6 Die Hackfleischquiche im Backofen (Mitte, Umluft 180°) 30 Min. backen. Dazu schmeckt Gurkensalat mit Joghurtsauce oder Schafkäsesauce mit Oliven (Rezept Seite 29).

25-30 min.

VARIANTE

Für eine vegetarische Version bereiten Sie zunächst den Teig wie oben beschrieben zu. Die Basis für den Belag ist Reis: 200 g Langkornreis 20 Min. in Salzwasser garen. 1 große Lauchstange putzen, waschen und in feine Ringe schneiden. 200 g Möhren klein würfeln und mit dem Lauch in 1 EL Butter 3 Min. dünsten. Das Gemüse mit 100 g frisch geriebenem Parmesan mischen und mit Salz, Pfeffer und Muskat würzen. 3 Eier mit 200 g Sahne verquirlen, unter den Reis mischen, auf dem Teigboden verteilen und die Quiche bei 180° (Mitte, Umluft 160°) 50 Min. backen. Gorgonzola- oder Paprikasauce (Seite 29) und einen beliebigen Salat dazu reichen.

Im Bild oben:
Hackfleischquiche
Im Bild unten:
Schweinefiletquiche

Wirsingtarte

- Preiswert
- Gut vorzubereiten

Für eine Form von 26 cm ø:

Für den Teig:
250 g Mehl
125 g kalte Butter
1 Ei
Salz

Für den Belag:
1 große Zwiebel
2 EL Öl
1 kleiner Wirsing (etwa 700 g)
6 EL trockener Weißwein (ersatzweise Brühe)
Salz
Pfeffer
1/2 TL gemahlener Kümmel
250 g Fleischkäse in dickeren Scheiben
2 Eier
250 g saure Sahne
1 Prise Muskatnuß
50 g frisch geriebener Bergkäse
Fett für die Form
Mehl für die Arbeitsfläche

Zubereitungszeit: 45 Min.
Backzeit: 30 Min.

Bei 4 Personen pro Portion ca.:
3720 kJ / 890 kcal
26 g EW / 52 g F / 81 g KH

1 Das Mehl in eine Schüssel füllen. Die Butter klein würfeln und mit dem Ei, dem Salz und 2 EL Wasser zum Mehl geben. Alles zu einem geschmeidigen Teig verkneten und zugedeckt 30 Min. im Kühlschrank ruhen lassen.

2 Die Zwiebel schälen und klein würfeln. In einer großen Pfanne das Öl erhitzen und die Zwiebel darin glasig dünsten.

3 Den Wirsing putzen, vierteln und vom Strunk befreien. Den Wirsing in schmale Streifen schneiden, mit den Zwiebeln 5 Min. bei mittlerer Hitze dünsten. Mit dem Weißwein ablöschen, mit Salz, Pfeffer und Kümmel würzen und weitere 5 Min. dünsten. Vom Herd nehmen und abkühlen lassen.

4 Den Fleischkäse klein würfeln und unter den Wirsing mischen. Den Backofen auf 200° vorheizen. Die Eier mit der Sahne verquirlen und mit Salz, Pfeffer und Muskat kräftig würzen.

5 Die Form einfetten. Den Teig auf einer bemehlten Fläche ausrollen, in die Form legen und einen etwa 3 cm hohen Rand formen. Die Wirsingmischung gleichmäßig darauf verteilen. Mit der Eiermischung übergießen und mit dem Käse bestreuen. Im Backofen (Mitte, Umluft 180°) 30 Min. backen. Dazu paßt Tomatensauce (Rezept Seite 29).

Geflügelleberquiche

- Raffiniert
- Gelingt leicht

Für eine Form von 26 cm ø:

Für den Teig:
200 g Mehl
5 EL Olivenöl
Salz

Für den Belag:
2 Zwiebeln
3 Knoblauchzehen
500 g Putenleber
3 EL Öl
Salz • Pfeffer
1 TL getrockneter Oregano
1 Bund Basilikum
150 g Crème fraîche
250 g passierte Tomaten (aus der Packung)
2 Eier
1 TL Paprika, rosenscharf
Fett für die Form
Mehl für die Arbeitsfläche

Zubereitungszeit: 40 Min.
Backzeit: 30 Min.

Bei 4 Personen pro Portion ca.:
2945 kJ / 700 kcal
36 g EW / 38 g F / 56 g KH

1 Das Mehl in eine Schüssel sieben und in die Mitte eine Mulde drücken. Das Olivenöl mit 5 EL Wasser und dem Salz dazugeben. Alles mit den Knethaken des Handrührers oder mit den Händen zu einem geschmeidigen Teig verarbeiten. Zugedeckt 20 Min. im Kühlschrank ruhen lassen.

2 Die Zwiebeln schälen und fein hacken. Den Knoblauch schälen. Die Putenleber in die natürlichen Hälften teilen, kurz abspülen und trockentupfen.

3 2 EL Öl in einer Pfanne erhitzen und die Putenleber darin bei mittlerer Hitze 5 Min. braten, herausnehmen und beiseite stellen. Im restlichen Öl die Zwiebeln weich dünsten und den Knoblauch dazupressen. Die Putenleber untermischen und mit Salz, Pfeffer und Oregano würzen.

4 Das Basilikum waschen, die Blättchen abzupfen und in feine Streifen schneiden. Die Crème fraîche mit den passierten Tomaten und den Eiern mischen, das Basilikum unterrühren und mit Salz, Pfeffer und Paprika kräftig würzen.

5 Den Backofen auf 200° vorheizen. Die Form einfetten. Den Teig auf einer bemehlten Fläche ausrollen, in die Form legen und einen Rand von etwa 3 cm formen. Die Putenleber darauf verteilen und mit dem Tomatenguß übergießen. Die Quiche im Backofen (Mitte, Umluft 180°) 30 Min. backen. Dazu paßt Feldsalat mit Vinaigrette besonders gut.

Quiche mit Leberwurst und Äpfeln

- 🟡 Preiswert
- 🔵 Für Gäste

Für eine Form von 26 cm ø:

Für den Teig:
150 g Magerquark
150 g Mehl
150 g weiche Butter
1 Prise Salz
Für den Belag:
1 Bund Frühlingszwiebeln
2 kleine Äpfel (etwa 300 g, zum Beispiel Elstar, Cox Orange)
2 EL Zitronensaft
2 EL Butter
400 g grobe geräucherte Leberwurst
Salz
Pfeffer
1 TL getrockneter Majoran
Fett für die Form
Mehl für die Arbeitsfläche

Zubereitungszeit: 30 Min.
Backzeit: 30 Min.

Bei 4 Personen pro Portion ca.:
3680 kJ / 880 kcal
24 g EW / 68 g F / 45 g KH

1 Den Quark in einem Sieb 10 Min. abtropfen lassen. Dann das Mehl mit dem Quark in eine Schüssel füllen. Die Butter mit dem Salz zum Mehl geben. Alles mit den Knethaken des Handrührgeräts oder mit den Händen zu einem geschmeidigen Teig verkneten und zugedeckt 30 Min. im Kühlschrank ruhen lassen.

2 Die Frühlingszwiebeln putzen, waschen und in feine Ringe schneiden. Die Äpfel schälen, achteln und in Spalten schneiden. Mit Zitronensaft beträufeln.

3 Die Butter in einer großen Pfanne schmelzen. Frühlingszwiebeln und Apfelscheiben darin 5 Min. dünsten, mit Salz, Pfeffer und Majoran würzen, dabei häufig umrühren.

4 Die Leberwurst aus der Pelle in die Pfanne drücken und 5 Min. mitdünsten, dabei mit einer Gabel zerdrücken. Die Pfanne vom Herd nehmen.

5 Den Backofen auf 200° vorheizen. Die Form einfetten. Den Teig auf einer bemehlten Fläche ausrollen, in die Form legen und einen etwa 3 cm hohen Rand formen.

Die Leberwurstmischung gleichmäßig auf dem Teigboden verteilen und die Quiche im Backofen (Mitte, Umluft 180°) 30 Min. backen. Dazu paßt gemischter Blattsalat mit Kräuter-Vinaigrette.

VARIANTEN

• Anstelle von Leberwurst können Sie 400 g gemischtes Hackfleisch oder Zwiebelmett verwenden.
• Als vegetarische Version 600 g Kartoffeln in kleine Würfeln schneiden, in 3 EL Butter mit einer feingehackten Zwiebel 10 Min. braten, mit Salz und Pfeffer würzen, dann die Äpfel untermischen. Die Quiche wie im Grundrezept beschrieben backen.

TIP!

Diese Quiche läßt sich sehr gut einfrieren und schmeckt auch kalt. Sie ist ideal für ein Buffet oder ein Picknick. Länger als drei Monate sollten Sie die Quiche in keinem Fall einfrieren. Je kürzer die Einfrierzeit, um so besser die Qualität. Weitere Tips für die Vorratshaltung finden Sie auf Seite 41.

Raffiniert vegetarisch

Immer mehr Menschen essen heute weniger Fleisch, dafür aber mehr Gemüse und Salat. Es gibt eine Riesenauswahl an fantasievollen köstlichen Gemüsegerichten, Gemüsequiches gehören dazu. Die unterschiedlichen Gemüsesorten lassen sich als Belag beliebig kombinieren und harmonieren gut mit Käse, Eiern und Milch oder Sahne. Manche Gemüsequiches schmecken pur am allerbesten, andere werden durch eine Sauce prima ergänzt.

Lieblingssaucen

Die Saucen lassen sich prima zubereiten, während die Quiche im Ofen backt. Wenn etwas übrig bleibt, können Sie sie etwa 3 Tage abgedeckt im Kühlschrank aufbewahren. Die Kräuter-Joghurtsauce und die Schafkäsesauce schmecken auch prima als Dip für gekochtes und rohes Gemüse, die warmen Saucen sind klassische Pasta-Begleiter. Die Paprikasauce ist ein idealer Dip für Tacos oder auch Rohkost.
Die Saucen passen zu vielen Quichevarianten und reichen für jeweils vier bis sechs Portionen.

Kräuter-Joghurtsauce
300 g Crème fraîche
300 g Vollmilchjoghurt
5 EL Zitronensaft
1 TL Senf
Salz • Pfeffer
3 Knoblauchzehen
2 Schalotten
je 1 Bund Petersilie, Schnittlauch, Basilikum, Dill
1 Handvoll Kerbel
1 Kästchen Kresse

Die Crème fraîche mit dem Joghurt in eine Schüssel füllen. Mit Zitronensaft und Senf verrühren und mit Salz und Pfeffer würzen. Die Knoblauchzehen schälen und dazupressen. Die Schalotten schälen, fein hacken und dazugeben. Die Kräuter waschen, fein hacken, mit der Sauce verrühren und abschmecken. Kräuter-Joghurtsauce paßt zu Tomatenquiche (Seite 11), Schweinefiletquiche (Seite 22), Austernpilzquiche (Seite 31) und Auberginenquiche (Seite 33).

Raffiniert vegetarisch 29

Tomatensauce mit Kapern

1 Zwiebel
2 EL Olivenöl
2 Knoblauchzehen
1 kg Fleischtomaten
(ersatzweise 1 kleine Dose Tomaten, 400 g Inhalt)
je 1 TL getrockneter Thymian und Oregano
Salz • Pfeffer
3 EL abgetropfte Kapern

Die Zwiebel schälen und fein hacken. Zwiebel in Olivenöl weich dünsten. Den Knoblauch schälen und dazupressen. Die Tomaten überbrühen, häuten, entkernen, hak-

ken und zu den Zwiebeln geben. Mit Thymian, Oregano, Salz und Pfeffer würzen, 20 Min. köcheln lassen, dann abschmecken und die Kapern untermischen. Tomatensauce ist ideal zu Lyonquiche (Seite 18), Zucchini-Quarkquiche (Seite 30), Spinatquiche (Seite 36) und zu Schafkäsequiche (Seite 44).

Gorgonzolasauce

250 g Sahne
250 g Gorgonzola
Salz • Pfeffer
1 Bund Petersilie
oder
50 g geschälte Walnüsse

Die Sahne in einem Topf erhitzen. Den Gorgonzola mit einer Gabel zerdrücken und untermischen.

Bei milder Hitze 15 Min. köcheln lassen, dabei immer wieder umrühren, bis sich der Käse ganz aufgelöst hat. Mit Salz und Pfeffer würzen. Inzwischen die Petersilie waschen, abzupfen und fein hacken oder die Walnüsse fein hacken. Je nach Geschmack die Petersilie oder die Walnüsse untermischen. Gorgonzolasauce schmeckt zur Artischockenquiche (Seite 50), Möhrenquiche (Seite 34) und zur Bohnenquiche (Seite 46).

Schafkäsesauce mit Oliven

200 g griechischer Schafkäse
250 g griechischer Joghurt
2 Knoblauchzehen
2 EL Zitronensaft
Salz • Pfeffer
50 g schwarze Oliven

Den Schafkäse mit dem Joghurt in einen Rührbecher füllen und mit dem Pürierstab zerkleinern. Den Knoblauch schälen und dazupressen. Die Sauce mit Zitronensaft, Salz und Pfeffer würzen. Die Oliven entkernen, fein hacken und unter die Sauce mischen. Große fleischige Oliven lassen sich gut mit einem Kirschsteinentkerner entkernen. Die Schafkäsesauce paßt zur Hack-

fleischquiche (Seite 22), Kichererbsenquiche (Seite 42), Gemüsequiche (Seite 54) und Lammtarte (Seite 60).

Pikante Paprikasauce

3 rote Paprikaschoten
4 Knoblauchzehen
1 frische Chilischote
3 EL Olivenöl
1 EL Zitronensaft
Salz • Pfeffer
1 TL Paprikapulver, rosenscharf

Den Backofengrill vorheizen. Die Paprikaschoten putzen, längs vierteln und waschen. Backblech mit Alufolie auslegen und die Schoten mit der Hautseite nach oben auf die Folie legen. Im Backofen 10 Min. grillen, bis die Haut Blasen wirft. Den Knoblauch schälen, die Chilischote entkernen. Die Paprika häuten, mit Knob-

lauch und Chilischote im Mixer pürieren. Mit Öl, Zitronensaft und Gewürzen abschmecken. Die Sauce paßt zur Champignonquiche (Seite 8), Chiliquiche (Seite 21), Schafkäsequiche (Seite 44) und zur Provenzalischen Tarte (Seite 56).

Zucchini-Quarkquiches

● Preiswert
● Für Gäste

Für 6 Förmchen von 12 cm ø:

Für den Teig:
150 g Mehl
80 g kalte Butter
100 g Magerquark • Salz
2 TL getrockneter Oregano
Für den Belag:
750 g Zucchini • Salz
400 g Magerquark
2 Eier
60 g frisch geriebener Parmesan
1 Bund Basilikum
2 Knoblauchzehen
Pfeffer • 3 EL Sesam
Fett für die Förmchen
Mehl für die Arbeitsfläche

Zubereitungszeit: 30 Min.
Backzeit: 40 Min.

Pro Förmchen ca.:
1730 kJ / 410 kcal
22 g EW / 25 g F / 29 g KH

1 Das Mehl in eine Schüssel füllen. Die Butter klein würfeln und mit dem Quark, Salz und Oregano zum Mehl geben. Alles zu einem geschmeidigen Teig verarbeiten. Zugedeckt 30 Min. im Kühlschrank ruhen lassen.

2 Die Zucchini waschen, putzen und in Scheiben hobeln. In kochendem Salzwasser knapp 1 Min. blanchieren, in ein Sieb abgießen und sehr gut abtropfen lassen.

3 Den Quark mit den Eiern und der Hälfte des Parmesans verrühren. Das Basilikum waschen, Blättchen abzupfen, fein hacken und daruntermischen. Den Knoblauch schälen und darüber pressen. Alles verrühren und mit Salz und Pfeffer kräftig würzen.

4 Den Backofen auf 200° vorheizen. Die Förmchen einfetten. Den Teig auf einer bemehlten Arbeitsfläche ausrollen, Förmchen mit dem Teig auslegen und einen Rand formen. Den Quark gleichmäßig darauf streichen und die Zucchinischeiben schuppenartig darauf legen.

5 Den Sesam mit dem restlichen Parmesan mischen und gleichmäßig auf die Zucchini streuen. Die Quiches im Backofen (Mitte, Umluft 180°) 40 Min. backen. Dazu paßt Tomatensauce. (Rezept Seite 29).

TIP!
Aus den angegebenen Mengen für Teig und Belag können Sie auch eine große Quiche backen.

Austernpilzquiche mit Zuckerschoten

- Für Gäste
- Raffiniert

Für eine Form von 26 cm ø:

Für den Teig:
150 g Mehl
150 g kalte Butter
150 g Magerquark
1 Prise Salz
Für den Belag:
250 g Zuckerschoten
Salz
500 g Austernpilze
2 EL Olivenöl
2 Knoblauchzehen
Pfeffer
150 g Sahnegorgonzola
2 Eier
Fett für die Form
Mehl für die Arbeitsfläche

Zubereitungszeit: 30 Min.
Backzeit: 45 Min.

Bei 4 Personen pro Portion ca.:
2980 kJ / 710 kcal
23 g EW / 52 g F / 42 g KH

1 Das Mehl in eine Schüssel füllen, die Butter klein würfeln und mit dem Quark und dem Salz zum Mehl geben. Alles mit den Knethaken des Handrührers oder mit den Händen zu einem geschmeidigen Teig verarbeiten. Den Teig zugedeckt 30 Min. im Kühlschrank ruhen lassen.

2 Die Zuckerschoten putzen, in kochendem Salzwasser blanchieren, eiskalt abschrecken und sehr gut abtropfen lassen.

3 Die Austernpilze putzen und in breite Streifen schneiden. Das Öl in einer Pfanne erhitzen und die Austernpilze darin 5 Min. bei großer Hitze kräftig anbraten, dabei den Knoblauch schälen und darüber pressen, mit Salz und Pfeffer würzen.

4 Die Hälfte der Zuckerschoten mit dem Sahnegorgonzola im Mixer pürieren. Das Püree mit Salz und Pfeffer abschmecken und die Eier untermischen.

5 Den Backofen auf 200° vorheizen. Die Form einfetten. Den Teig auf einer bemehlten Arbeitsfläche ausrollen, in die Form legen und einen etwa 3 cm hohen Rand formen.

6 Die Austernpilzstreifen und die Zuckerschoten auf dem Teigboden verteilen. Mit dem Eierguß übergießen und im Backofen (Mitte, Umluft 180°) 45 Min. backen. Gleich heiß servieren. Dazu paßt Feldsalat mit Zwiebelvinaigrette.

Raffiniert vegetarisch

Blumenkohltarte mit Curry

- Preiswert
- Raffiniert

Für eine Form von 26 cm ø:

Für den Teig:
200 g Dinkelmehl
Salz
80 g kalte Butter
100 g Sahnequark
3 EL Milch
1 Ei
Für den Belag:
1 Blumenkohl (etwa 1 kg)
Salz
1 Bund Frühlingszwiebeln
1 EL Butter
400 g Sahnequark
2 Eier
1 gehäufter EL Curry
2 EL gemahlene Mandeln
Pfeffer
2 EL Zitronensaft
Fett für die Form
Mehl für die Arbeitsfläche

Zubereitungszeit: 35 Min.
Backzeit: 45 Min.

Bei 4 Personen pro Portion ca.:
2890 kJ / 690 kcal
29 g EW / 43 g F / 58 g KH

1 Das Mehl in eine Schüssel füllen, Salz, die Butter in kleinen Würfeln, den Quark, die Milch und das Ei dazugeben. Alles zu einem geschmeidigen Teig verarbeiten und 30 Min. zugedeckt im Kühlschrank ruhen lassen.

2 Den Blumenkohl putzen, in kleine Röschen teilen, waschen und in Salzwasser knapp 5 Min. garen, in ein Sieb geben und gut abtropfen lassen.

3 Die Frühlingszwiebeln putzen, waschen und in feine Ringe schneiden. In einer Pfanne 1 EL Butter schmelzen und die Frühlingszwiebeln 3 Min. dünsten.

4 Den Quark mit den Eiern, dem Curry und den Mandeln verrühren. Mit Salz, Pfeffer und Zitronensaft abschmecken und die Frühlingszwiebeln untermischen.

5 Den Backofen auf 200° vorheizen. Den Teig auf einer bemehlten Arbeitsfläche ausrollen. Die Form einfetten, den Teig hineinlegen und einen etwa 3 cm hohen Rand formen.

6 Den Blumenkohl auf dem Boden verteilen und die Quarkmischung gleichmäßig darüber geben. Die Quiche im Backofen (Mitte, Umluft 180°) 45 Min. backen. Dazu paßt Kräuter-Joghurtsauce (Rezept Seite 29).

Auberginenquiche mit Mozzarella

● Für Gäste
● Gut vorzubereiten

Für eine Form von 26 cm ⌀:

Für den Teig:
250 g Mehl
125 g Butter
1 Ei • 1 Prise Salz
2 TL getrockneter Thymian

Für den Belag:
600 g Auberginen
6 EL Olivenöl
3 Knoblauchzehen
je 1 TL getrockneter Thymian und Oregano
Salz
Pfeffer
500 g Fleischtomaten
2 Kugeln Mozzarella (je 125 g)
Fett für die Form
Mehl für die Arbeitsfläche

Zubereitungszeit: 35 Min.
Backzeit: 40 Min.

Bei 4 Personen pro Portion ca.:
3455 kJ / 830 kcal
24 g EW / 54 g F / 64 g KH

1 Das Mehl in eine Schüssel füllen. Die Butter klein würfeln und mit dem Ei, dem Salz und dem Thymian zum Mehl geben. Alles mit den Knethaken des Handrührers oder mit den Händen zu einem geschmeidigen Teig verarbeiten. Zugedeckt 30 Min. im Kühlschrank ruhen lassen.

2 Die Auberginen waschen, vom Stengelansatz befreien und in dickere Scheiben schneiden. 4 EL Olivenöl in einer großen Pfanne erhitzen und die Auberginen auf beiden Seiten bei starker Hitze kräftig anbraten. Den Knoblauch schälen und darüberpressen, mit Thymian, Oregano, Salz und Pfeffer würzen. Die Auberginen aus der Pfanne nehmen.

3 Die Tomaten überbrühen, häuten und in dicke Scheiben schneiden. Den Mozzarella ebenso schneiden. Den Backofen auf 200° vorheizen.

4 Die Form einfetten. Den Teig auf einer bemehlten Fläche ausrollen, in die Form legen und einen 3 cm hohen Rand formen. Die Auberginenscheiben abwechselnd mit den Tomaten- und Mozzarellascheiben dachziegelartig auf den Teig legen. Mit Salz und Pfeffer würzen und mit dem restlichen Olivenöl beträufeln.

5 Die Quiche im Backofen (Mitte, Umluft 180°) 40 Min. backen. Dazu paßt Kräuter-Joghurtsauce (Rezept Seite 29).

Möhrenquiche mit Brokkoli

- Preiswert
- Gelingt leicht

Für eine Form von 26 cm ø:

Für den Teig:
200 g Mehl
100 g kalte Butter
1 Ei
1 Prise Salz
Für den Belag:
350 g Möhren
Salz
500 g Brokkoli
50 g Pinienkerne
Pfeffer
1 Prise Cayennepfeffer
1 Prise Kreuzkümmel
200 g saure Sahne
3 Eier
Fett für die Form
Mehl für die Arbeitsfläche

Zubereitungszeit: 30 Min.
Backzeit: 30 Min.

Bei 4 Personen pro Portion ca.:
2720 kJ / 650 kcal
19 g EW / 41 g F / 57 g KH

1 Das Mehl in eine Schüssel geben. Die Butter klein würfeln und mit dem Ei und dem Salz zum Mehl geben. Alles zu einem geschmeidigen Teig verkneten. Zugedeckt 30 Min. im Kühlschrank ruhen lassen.

2 Die Möhren schälen und in dünne Scheiben hobeln. Reichlich Salzwasser aufkochen lassen, die Möhrenscheiben 4 Min. darin blanchieren, in ein Sieb geben, eiskalt abschrecken und sehr gut abtropfen lassen.

3 Den Brokkoli in kleine Röschen teilen, die Stiele anderweitig verwenden. Im kochenden Salzwasser 3 Min. blanchieren. Abgießen, eiskalt abschrecken und abtropfen lassen. Die Pinienkerne in einer beschichteten Pfanne vorsichtig goldbraun rösten.

4 Den Backofen auf 200° vorheizen. Die Form einfetten. Den Teig auf einer bemehlten Arbeitsfläche ausrollen, in die Form legen und einen Rand von etwa 3 cm formen.

5 Den Brokkoli auf dem Teigboden verteilen, die Möhrenscheiben dazwischenlegen. Mit den Pinienkernen bestreuen. Alles mit Salz, Pfeffer, Cayennepfeffer und Kreuzkümmel würzen.

6 Die Sahne mit den Eiern verrühren, kräftig mit Salz und Pfeffer würzen und darüber gießen. Die Quiche im Backofen (Mitte, Umluft 180°) 30 Min. backen. Dazu paßt eine Kräuter-Joghurtsauce oder die warme Gorgonzolasauce (Rezepte Seite 29). Gemischter Blattsalat mit Joghurtdressing ist eine leckere frische Ergänzung.

VARIANTE

Anstelle von Brokkoli schmecken auch Lauch oder Zucchini sehr fein. Mit 150 g klein gewürfelter Salami, Räucherspeck oder Schinken auf das Gemüse gestreut, wird die Quiche sättigender und deftiger. Unter die saure Sahne können Sie 100 g geriebenen Käse (Gouda, Emmentaler oder Appenzeller) mischen.

TIP!

Möhren gibt's das ganze Jahr über zu kaufen. Die heimatliche Ernte beginnt Ende Mai. Die jungen, zarten Möhren werden samt Grün als Bundmöhren angeboten. Danach sind die etwas derberen Sommermöhren im Handel. Möhren enthalten besonders viel Karotin, das im Körper zu Vitamin A umgewandelt wird. Da das aber nur in Verbindung mit Fett möglich ist, sollten Möhren, auch als Rohkost, immer mit etwas Butter, Öl oder Sahne verfeinert werden, das unterstreicht gleichzeitig das Eigenaroma.

Spinatquiche mit Schafkäse und Oliven

- Braucht etwas Zeit
- Raffiniert

Für eine Form von 26 cm ø:

Für den Teig:
250 g Mehl
125 g kalte Butter • 1 Ei
3 EL trockener Weißwein (ersatzweise Wasser)
1 TL Salz

Für den Belag:
800 g frischer Blattspinat (ersatzweise 600 g tiefgekühlter Blattspinat)
Salz • 2 Zwiebeln
2 EL Olivenöl
3 Knoblauchzehen
Pfeffer • Muskatnuß
150 g Schafkäse
2 Eier • 100 ml Milch
50 g schwarze Oliven
Fett für die Form
Mehl für die Arbeitsfläche

Zubereitungszeit: 45 Min.
Backzeit: 30 Min.

Bei 4 Personen pro Portion ca.:
3000 kJ / 720 kcal
22 g EW / 44 g F / 60 g KH

1 Das Mehl in eine Schüssel füllen. Die Butter klein würfeln und mit dem Ei, dem Wein und dem Salz zum Mehl geben. Alles zu einem geschmeidigen Teig verkneten und zugedeckt 30 Min. im Kühlschrank ruhen lassen.

2 Den Spinat putzen, gründlich waschen. (Tiefgekühlten Spinat auftauen lassen.) Den Spinat in Salzwasser kurz blanchieren, in ein Sieb geben, eiskalt abschrecken und sehr gut ausdrücken.

3 Die Zwiebeln schälen und fein hacken. Das Olivenöl in einem Topf erhitzen und die Zwiebeln darin andünsten. Den Knoblauch schälen und dazupressen. Den Spinat untermischen, kurz mitdünsten und mit Salz, Pfeffer und Muskat würzen.

4 Den Schafkäse in eine Schüssel geben und mit einer Gabel zerdrücken. Die Eier und die Milch untermischen, mit Salz und Pfeffer würzen. Backofen auf 200° vorheizen.

5 Die Form einfetten. Den Teig auf einer bemehlten Arbeitsfläche ausrollen, in die Form legen und einen etwa 3 cm hohen Rand formen.

6 Den Spinat auf dem Teigboden verteilen und mit der Eiermischung gleichmäßig übergießen. Die Oliven darauf streuen und die Quiche im Backofen (Mitte, Umluft 180°) 30 Min. backen. Dazu paßt Gorgonzolasauce (Rezept Seite 29).

Quiche mit roten Linsen

- Raffiniert
- Preiswert

Für eine Form von 26 cm ø:

Für den Teig:
150 g Mehl
150 g Magerquark
150 g kalte Butter
Salz • 2 TL Curry

Für den Belag:
2 Zwiebeln • 2 EL Olivenöl
2 Knoblauchzehen
1 Stück frischer Ingwer (etwa walnußgroß)
250 g rote Linsen (aus dem Reformhaus oder Bioladen)
Salz • Pfeffer • 2 TL Curry
1 Prise Cayennepfeffer
1/2 l Gemüsebrühe
2 Fleischtomaten (etwa 400 g)
1/4 l Milch • 3 Eier
Fett für die Form
Mehl für die Arbeitsfläche

Zubereitungszeit: 30 Min.
Backzeit: 35 Min.

Bei 4 Personen pro Portion ca.:
3840 kJ / 920 kcal
38 g EW / 46 g F / 93 g Kh

1 Das Mehl mit dem Quark in eine Schüssel geben. Die Butter klein würfeln und mit dem Salz und dem Curry zum Mehl geben. Alles zu einem Teig verkneten, 30 Min. ruhen lassen.

2 Die Zwiebeln schälen und fein hacken. In einer Pfanne das Öl erhitzen und die Zwiebeln darin andünsten. Den Knoblauch schälen und dazupressen. Den Ingwer schälen und in kleine Würfel schneiden. In die Pfanne geben, alles zusammen weitere 3 Min. dünsten.

3 Die Linsen in die Pfanne geben, mit Salz, Pfeffer, Curry und Cayennepfeffer würzen. Mit der Gemüsebrühe aufgießen, aufkochen lassen und zugedeckt 15 Min. köcheln lassen. Abkühlen lassen.

4 Die Stielansätze der Tomaten entfernen, die Tomaten überbrühen, häuten, entkernen und in Würfel schneiden. Die Milch mit den Eiern verquirlen. Den Backofen auf 200° vorheizen.

5 Die Form einfetten. Den Teig auf einer bemehlten Fläche ausrollen, in die Form legen und einen Rand formen. Die Tomaten unter die Linsen mischen, auf dem Boden verteilen. Die Eiermilch darüber gießen und die Quiche im Backofen (Mitte, Umluft 180°) 35 Min. backen. Dazu paßt Paprikasauce (Rezept Seite 29).

Im Bild oben: Spinatquiche mit Schafkäse und Oliven
Im Bild unten: Quiche mit roten Linsen

Schalottenquiche mit Rosinen

- Raffiniert
- Für Gäste

Für eine Form von 26 cm ø:

Für den Teig:
250 g Mehl
125 g kalte Butter
1 Ei
3 EL Apfelsaft
1 TL Salz
Für den Belag:
750 g Schalotten
3 EL Olivenöl
3 EL Rosinen
3 EL Curry
Salz • Pfeffer
100 ml Apfelsaft
50 g Mandelstifte
2 Eier
200 g Sahne
50 g frisch geriebener Parmesan
Muskatnuß
Fett für die Form
Mehl für die Arbeitsfläche

Zubereitungszeit: 30 Min.
Backzeit: 40 Min.

Bei 4 Personen pro Portion ca.:
4070 kJ / 970 kcal
25 g EW / 58 g F / 93 g KH

1 Das Mehl in eine Schüssel geben. Die Butter klein würfeln und mit dem Ei, dem Apfelsaft und dem Salz zum Mehl geben. Alles mit den Knethaken des Handrührers oder mit den Händen zu einem geschmeidigen Teig verkneten. Zugedeckt 30 Min. im Kühlschrank ruhen lassen.

2 Die Schalotten schälen und längs in schmale Streifen schneiden. Das Olivenöl in einer Pfanne erhitzen. Die Schalotten und die Rosinen im Öl bei mittlerer Hitze glasig andünsten.

3 Die Schalotten-Rosinen-Mischung mit dem Curry, Salz und Pfeffer würzen. Mit dem Apfelsaft ablöschen und bei milder Hitze 10 Min. offen dünsten. Vom Herd nehmen, die Mandelstifte untermischen und abkühlen lassen.

4 Die Eier mit der Sahne und dem Parmesan verrühren, mit Salz, Pfeffer und Muskat würzen.

5 Den Backofen auf 200° vorheizen. Die Form einfetten. Den Teig auf einer bemehlten Fläche ausrollen, in die Form legen und einen etwa 3 cm hohen Rand formen. Die Schalotten darauf verteilen und mit der Eiermischung übergießen.

6 Die Quiche im Backofen (Mitte, Umluft 180°) 30–40 Minuten backen. Dazu paßt Tomatensauce (Rezept Seite 29).

Raffiniert vegetarisch 39

Chinakohlquiche

● Gut vorzubereiten
● Preiswert

Für eine Form von 26 cm ø:

Für den Teig:
200 g Mehl
100 g kalte Butter
Salz
1 Ei
Für den Belag:
1 kleiner Chinakohl (etwa 500 g)
1 Knoblauchzehe
1 Stück frischer Ingwer (etwa walnußgroß)
2 EL Butter
Salz • Pfeffer
1 Prise Cayennepfeffer
1 TL Chinagewürz
3 EL Sojasauce
1 Bund Koriander (ersatzweise glatte Petersilie)
250 g Tofu
150 g Crème fraîche
3 Eier
Fett für die Form
Mehl für die Arbeitsfläche

Vorbereitungszeit: 35 Min.
Backzeit: 40 Min.

Bei 4 Personen pro Portion ca.:
2880 kJ / 690 kcal
19 g EW / 49 g F / 45 g KH

1 Das Mehl in eine Schüssel füllen. Die Butter klein würfeln und mit einer Prise Salz und dem Ei zum Mehl geben. Alles zu einem glatten Teig verkneten. Zugedeckt 30 Min. im Kühlschrank ruhen lassen.

2 Den Chinakohl putzen, in schmale Streifen schneiden, waschen und gut abtropfen lassen. Den Knoblauch und den Ingwer schälen und fein hacken.

3 In einer Pfanne die Butter erhitzen, Ingwer und Knoblauch darin kurz andünsten. Den Chinakohl untermischen und 5 Min. bei mittlerer Hitze mitdünsten. Mit Salz, Pfeffer, Cayennepfeffer, Chinagewürz und Sojasauce kräftig würzen. Den Koriander waschen, Blättchen abzupfen, fein hacken und kurz mitdünsten. Die Pfanne vom Herd nehmen.

4 Den Backofen auf 200° vorheizen. Den Tofu mit der Crème fraîche im Mixer pürieren. Die Eier untermischen, mit Salz und Pfeffer würzen.

5 Die Form einfetten. Den Teig auf einer bemehlten Arbeitsfläche ausrollen, in die Form legen und einen Rand von etwa 3 cm formen.

6 Den Chinakohl unter die Tofumasse mischen und auf dem Teigboden verteilen. Die Quiche im Backofen (Mitte, Umluft 180°) 40 Min. backen. Dazu paßt Salat aus Sojasprossen.

Schnell und praktisch

Da Quiches so vielseitig einsetzbar sind, ob als feines Abendessen, zum Sonntagsbrunch, als Snack, zum Picknick oder als Häppchen zum Wein, sollten Sie für Überraschungsbesuch einige Zutaten für die Quiche-Bäckerei immer im Vorratsschrank haben.

Teige – fix und fertig zum Belegen

Es gibt unterschiedliche Fertigteige auf dem Markt, die schnell ausgerollt und in die Form gelegt sind.

Blätterteig und Mürbeteig aus der Tiefkühltruhe

Damit es besonders schnell geht, die Teigplatten nebeneinander legen und auftauen lassen. Beim Blätterteig die Platten zum Ausrollen aufeinanderlegen, dann geht der Teig besonders gut auf. 300 g Teig reichen für eine Quiche aus.

Fertigteig aus dem Kühlregal

Pizzateig und Blätterteig aus dem Kühlregal müssen nur aus der Packung genommen, ausgerollt und in die Form gelegt werden.

Frischteigboden aus dem Kühlregal

Den Teigboden gibt man samt dem Backpapier in die Form und belegt den Teig nach Belieben.

Fertigteig zum Anrühren

Diese Teigmischung kann gut im Vorratsregal stehen und ist blitzschnell zubereitet.

Quarkblätterteig: leicht und schnell

Quarkblätterteig (Rezept beispielsweise auf Seite 12/13) ist auch für Anfänger ganz einfach zu kneten und auszurollen. Dieser Teig besteht zu gleichen Teilen aus Quark, Mehl und Butter, jeweils 150 g. Wichtig dabei ist, daß der Quark sehr gut abgetropft ist, nach Belieben können Sie ihn auch noch in einem Tuch ausdrücken.

Schnell und praktisch 41

Frisch aus dem Vorrat

In diesem Kapitel finden Sie Quichevarianten, fantasievoll belegt mit Zutaten, die Sie in Ihrem Vorrat immer zu Hause haben können.
Mit Hilfe der folgenden kleinen Zutatenliste können Sie im Nu eine Quiche zaubern.

Das gehört in den Vorrat:

- Kichererbsen in der Dose
- Mais in der Dose oder tiefgekühlt
- Rosenkohl und Bohnen, tiefgekühlt
- Artischocken in der Dose
- Sauerkraut in der Dose
- Thunfisch in der Dose
- Salami
- Räucherwurst (zum Beispiel Landjäger, Kabanossi)
- Schinken
- Kasseler
- verschiedene Käsesorten
- Fertigteige

Quiche: Ein nobles Resteversteck

Ist vom Vortag gegartes Gemüse übriggeblieben, lagern vom Wochenende noch Wurstreste oder ein Stück Braten im Kühlschrank? Dann heißt's: Quiche!
Das Gemüse – Sorten nach Geschmack – kleinschneiden. Mit Fleisch-, Geflügel-, Wurst- oder Schinkenresten (in Würfel oder Streifen geschnitten) mischen und auf dem Teig verteilen.
Mit einer Mischung aus 2–3 Eiern, je nach Menge des Belages, 250 g Sahne oder Milch und 50–100 g geriebenem Käse (nur eine Sorte oder eine Mischung aus verschiedenen) übergießen und bei 200° 30 Min. backen.

Praktische Tips für die Quiches-Bäckerei

- Auch ohne Fertigteig können Sie eine Quiche gut am Vortag vorbereiten. Kneten Sie den Teig Ihrer Wahl. Bei genügend Platz im Kühlschrank rollen Sie den Teig jetzt schon aus und kleiden die Form damit aus. Den Belag können Sie ebenfalls vorher zubereiten, eventuell – je nach Rezept – abkühlen lassen bzw. alle notwendigen Zutaten kleinschneiden. Der Guß ist dann schnell gerührt. Wichtig ist, daß Sie dann alle drei Bestandteile im Kühlschrank lagern. Am nächsten Tag nur noch Backofen vorheizen, Belag auf dem Boden verteilen, Guß darüber – fertig!
- Reste einer fertig gebackenen Quiche halten sich problemlos etwa drei Tage im Kühlschrank. Dafür in Frischhalte- oder Alufolie einpacken. Die Quiche können Sie bei 200° in 15 Min. wieder aufbacken.
- Fertig gebackene Quiche frieren Sie am besten in Stücken portionsweise ein. Dann können Sie sich je nach Bedarf bedienen, sind für Überraschungsbesuch gewappnet oder können für Feste vorbacken. Die Quiche dann noch gefroren für 25–30 Min. in den auf 200° vorgeheizten Backofen geben.
- Wenn Sie eine Quiche als Häppchen zum Wein anbieten, ist es wichtig, sie in kleine, mundgerechte Stückchen zu schneiden. Servietten nicht vergessen!
- Für eine größere Personenzahl können Sie alle Rezepte im Buch verdoppeln und als Blechkuchen zubereiten. Die Quiche können Sie zum Begrüßungsdrink reichen. Nach dem Backen in kleine Stücke schneiden und bei 50° im Backofen warmhalten.

Mit Gemüseresten, die Sie auch ganz nach Gusto miteinander mischen können, gelingt die leckerste Quiche – und keiner merkt die Resteverwertung!

Kichererbsenquiche

- Raffiniert
- Gut vorzubereiten

Für eine Form von 26 cm ø:

1 Paket tiefgekühlter Blätterteig (300 g)
2 Dosen Kichererbsen (je 240 g Inhalt)
1 Dose Thunfisch im eigenen Saft (140 g Inhalt)
2 Knoblauchzehen
je 1 TL getrockneter Thymian und Oregano
Salz
schwarzer Pfeffer
250 g saure Sahne
2 Eier
50 g frisch geriebener Parmesan
Mehl für die Arbeitsfläche

Zubereitungszeit: 35 Min.
Backzeit: 40 Min.

Bei 4 Personen pro Portion ca.:
3440 kJ / 820 kcal
30 g EW / 49 g F / 65 g KH

1 Den Blätterteig nach Packungsanweisung auftauen. Die Kichererbsen in ein Sieb schütten und gut abtropfen lassen. Den Thunfisch abgießen und in einer Schüssel mit einer Gabel zerdrücken, die Kichererbsen untermischen.

2 Den Knoblauch schälen, durch die Presse drücken und mit den Kichererbsen vermischen, mit Thymian, Oregano, Salz und Pfeffer kräftig würzen. Die Sahne mit den Eiern und der Hälfte des Parmesankäses separat verrühren.

3 Den Backofen auf 200° vorheizen. Die Blätterteigplatten aufeinander auf eine bemehlte Arbeitsfläche legen und etwa in Größe der Form ausrollen.

4 Die Form kalt ausspülen, den Teig hineinlegen und einen etwa 3 cm hohen Rand formen. Die Kichererbsenmischung darauf verteilen, die Sahnemischung darüber geben und mit dem restlichen Parmesan gleichmäßig bestreuen.

5 Die Quiche im Backofen (Mitte, Umluft 180°) ca. 40 Min. backen. Dazu paßt Tomatensauce oder Schafkäsesauce mit Oliven (Rezepte Seite 29).

Sauerkrautquiche

- Gelingt leicht
- Preiswert

Für eine Form von 26 cm ø:

1 Zwiebel
1 EL Öl
200 g Räucherwurst (zum Beispiel Landjäger oder Kabanossi)
1 Dose Sauerkraut (580 g Inhalt)
1/8 l Weißwein (ersatzweise Fleischbrühe)
Salz
Pfeffer
1 Lorbeerblatt
250 g saure Sahne
1 Ei
250 g Pizzateig aus dem Kühlregal
Fett für die Form
Mehl für die Arbeitsfläche

Zubereitungszeit: 30 Min.
Backzeit: 30 Min.

Bei 4 Personen pro Portion ca.:
2200 kJ / 530 kcal
15 g EW / 33 g F / 38 g KH

1 Die Zwiebel schälen und fein hacken. Das Öl in einem Topf erhitzen und die Zwiebel darin andünsten. Die Wurst häuten und in kleine Würfel schneiden, in die Pfanne geben und 5 Min. mitbraten.

2 Das Sauerkraut gut ausdrücken, zu der Zwiebel-Wurst-Mischung geben und mit dem Weißwein ablöschen. Mit Lorbeerblatt, Salz und Pfeffer würzen und 10 Min. bei mittlerer Hitze zugedeckt schmoren lassen. Den Topf vom Herd nehmen, das Sauerkraut in ein Sieb geben und abtropfen lassen.

3 Den Backofen auf 200° vorheizen. Die Form einfetten. Den Teig auf einer bemehlten Arbeitsfläche zurechtschneiden, in die Form legen und einen etwa 3 cm hohen Rand formen.

4 Das Sauerkraut ohne das Lorbeerblatt gut ausdrücken, mit der Sahne und den Eiern mischen und auf dem Teig verteilen. Im Backofen (Mitte, Umluft 180°) 30 Min. backen. Frisch aus dem Backofen servieren.

Im Bild oben: Sauerkrautquiche
Im Bild unten: Kichererbsenquiche

Schafkäsequiche

● Gelingt leicht
● Vegetarisch

**Für eine Form
von 26 cm ø:**

500 g Magerquark
200 g Schafkäse
2 EL Olivenöl
3 Eier
5 Knoblauchzehen
je 1 Bund Petersilie
und Basilikum
Salz
Pfeffer
1 Prise Cayennepfeffer
1 Glas mit Paprika gefüllte
Oliven (85 g Inhalt)
1 Päckchen Mürbeteig
aus dem Kühlregal
Fett für die Form
Mehl für die Arbeitsfläche

Zubereitungszeit: 25 Min.
Backzeit: 30–35 Min.
Bei 4 Personen pro Portion ca.:
3630 kJ / 870 kcal
36 g EW / 59 g F / 55 g KH

1 Den Magerquark mit dem Schafkäse und dem Olivenöl im Mixer pürieren. Die Eier untermischen.

2 Den Knoblauch schälen und dazupressen. Die Petersilie und das Basilikum waschen, Blättchen abzupfen, fein hacken und untermischen. Die Masse mit Salz, Pfeffer und Cayennepfeffer kräftig würzen.

3 Die Oliven abtropfen lassen, in dickere Scheiben schneiden und unter die Schafkäsecreme heben. Den Backofen auf 200° vorheizen.

4 Die Form einfetten. Den Teig auf einer bemehlten Arbeitsfläche ausrollen, in die Form legen und einen etwa 3 cm hohen Rand formen. Die Schafkäsemasse darauf verteilen und die Oberfläche glattstreichen.

5 Die Quiche im Backofen (Mitte, Umluft 180°) 30–35 Min. backen, bis die Oberfläche leicht bräunt. Frisch aus dem Ofen servieren. Dazu schmeckt Kopfsalat, angereichert mit Tomaten, Gurken und Paprika oder die Paprikasauce (Rezept Seite 29).

VARIANTEN

● Unter den Schafkäse können Sie 250 g geraspelte, 5 Min. in Olivenöl gedünstete Zucchini mischen, dann reichen 250 g Magerquark.
● Anstelle des Schafkäses die gleiche Menge Sahnegorgonzola mit 2 Bund feingeschnittenem Basilikum mischen und auf die Quiche streichen. Diese Variante schmeckt auch kalt ganz toll.

Quiche mit zweierlei Käse

- Gelingt leicht
- Raffiniert

Für eine Form von 26 cm ø:

150 g frisch geriebener Parmesan
150 g frisch geriebener Appenzeller oder Comté
1 EL Mehl
250 g Sahne
3 Eier
Salz • Pfeffer
1 Prise Muskatnuß
1 Knoblauchzehe
1 Bund Schnittlauch
1 Fäckchen Blätterteig aus dem Kühlregal
Fett für die Form
Mehl für die Arbeitsfläche

Zubereitungszeit: 20 Min.
Backzeit: 30 Min.

Bei 4 Personen pro Portion ca.:
3840 kJ / 920 kcal
33 g EW / 70 g F / 39 g KH

1 Den Backofen auf 220° vorheizen. Den Parmesan, den Appenzeller oder den Comté und in einer Schüssel mit dem Mehl verrühren.

2 Die Sahne mit den Eiern verrühren, mit Salz, Pfeffer und Muskat würzen.

3 Den Knoblauch schälen, durch die Presse zur Sahne geben. Den Schnittlauch waschen, kleinschneiden und untermischen.

4 Den Teig auf einer bemehlten Fläche ausrollen. Die Form einfetten, den Teig hineinlegen, dabei einen Rand von etwa 3 cm hochziehen. Den geriebenen Käse gleichmäßig darauf verteilen und mit der Eiermischung übergießen.

5 Die Quiche im Backofen (Mitte, Umluft 180°) 30 Min. backen. Dazu paßt grüner Salat mit Zwiebelvinaigrette.

TIP!

Diese Quiche ist herzhaft und sättigend und ergibt mit einem Salat ein komplettes Hauptgericht. Wollen Sie ein Menü daraus machen, paßt als Vorspeise eine Gemüsesuppe mit frischen Kräutern und als Dessert gedünstete Birnen mit Weinschaumsauce oder ein erfrischender Obstsalat (Rezept Seite 17).

Bohnenquiche

- Für Gäste
- Gelingt leicht

Für eine Form von 26 cm ø:

1 große Zwiebel
2 EL Butter
200 g Lachsschinken
Salz
Pfeffer
1 Prise getrockneter Thymian
600 g tiefgekühlte Bohnen
2 Eier
200 g Frischkäse mit Kräutern
150 g Crème fraîche
Pfeffer
1 TL Paprika, rosenscharf
1 Packung Frischteigboden aus dem Kühlregal

Zubereitungszeit: 25 Min.
Backzeit: 30 Min.

Bei 4 Personen pro Portion ca.:
2490 kJ / 600 kcal
25 g EW / 35 g F / 45 g KH

1 Die Zwiebel schälen und fein hacken. Die Butter in einer Pfanne erhitzen und die Zwiebel darin bei milder Hitze weich dünsten.

2 Den Lachsschinken vom Fettrand befreien, in schmale Streifen schneiden und kurz in der Pfanne mit der Zwiebel mitdünsten. Mit Salz, Pfeffer und Thymian würzen. Die Pfanne vom Herd nehmen.

3 Die Bohnen in kochendem Salzwasser 5 Min. blanchieren, in ein Sieb gießen, eiskalt abschrecken und sehr gut abtropfen lassen. Den Backofen auf 200° vorheizen.

4 Die Eier mit dem Frischkäse und der Crème fraîche gut verrühren. Mit Salz, Pfeffer und Paprika würzen.

5 Den Teig mit dem Backpapier zurechtschneiden und in die Form legen, dabei einen Rand von etwa 3 cm formen. Die Bohnen sternförmig darauf verteilen. Die Zwiebelmischung gleichmäßig darüber geben und alles mit der Eiermilch übergießen. Im Backofen (Mitte, Umluft 180°) 30 Min. backen. Dazu schmeckt Gorgonzolasauce (Rezept Seite 29).

Maisquiche

- Gelingt leicht
- Preiswert

Für eine Form von 26 cm ø:

1 Packung tiefgekühlter Blätterteig (300 g)
2 Dosen Mais (je 285 g Inhalt)
200 g Kabanossi
1 EL Öl
2 rote Paprikaschoten
2 Eier
50 g frisch geriebener Gouda
Salz
Pfeffer
1 Prise Paprika, rosenscharf
Mehl für die Arbeitsfläche

Zubereitungszeit: 35 Min.
Backzeit: 30 Min.

Bei 4 Personen pro Portion ca.:
3230 kJ / 770 kcal
21 g EW / 52 g F / 59 g KH

1 Den Blätterteig aus der Packung nehmen, die Platten nebeneinander legen und auftauen lassen. Den Mais in ein Sieb geben und gut abtropfen lassen.

2 Die Kabanossi in Scheiben schneiden. Das Öl in einer Pfanne erhitzen, die Wurstscheiben darin 2 Min. bei mittlerer Hitze anbraten, beiseite stellen und abkühlen lassen.

3 Die Paprikaschoten putzen, waschen und in kleine Würfel schneiden.

Die Hälfte der Maiskörner im Mixer pürieren. Die Eier und den Gouda unter das Püree mischen und mit Salz, Pfeffer und Paprika würzen.

4 Den Backofen auf 200° vorheizen. Die restlichen Maiskörner mit den Paprikawürfeln mischen.

5 Die Form kalt ausspülen. Die Teigplatten aufeinanderlegen und auf der bemehlten Arbeitsfläche in Größe der Form ausrollen. Den Teig in die Form legen und einen etwa 3 cm hohen Rand formen.

6 Die Wurstscheiben gleichmäßig auf dem Teig verteilen. Die Paprika-Mais-Mischung darauf streuen und mit der Eiermischung übergießen. Im Backofen (Mitte, Umluft 180°) 35 Min. backen. Dazu paßt Tomatensalat.

Im Bild oben: Bohnenquiche
Im Bild unten: Maisquiche

Rosenkohlquiche

- Gelingt leicht
- Gut vorzubereiten

**Für eine Form
von 26 cm ø:**

500 g tiefgekühlter Rosenkohl
Salz
200 g Kasseler
1 Bund Schnittlauch
3 Eier
200 g Sahne
Pfeffer
1 TL Paprika, rosenscharf
Muskatnuß
100 g frisch geriebener Brennesselgouda
1 Packung Blätterteig aus dem Kühlregal
Fett für die Form
Mehl für die Arbeitsfläche

Zubereitungszeit: 25 Min.
Backzeit: 30 Min.

Bei 4 Personen pro Portion ca.:
3700 kJ / 885 kcal
33 g EW / 64 g F / 47 g KH

1 Den Backofen auf 220° vorheizen. Den Rosenkohl in kochendem Salzwasser nach Packungsanweisung garen. In ein Sieb schütten, eiskalt abschrecken, sehr gut abtropfen lassen.

2 Das Kasseler in kleine Würfel schneiden. Den Schnittlauch waschen und klein schneiden.

3 Die Eier mit der Sahne in einer Schüssel verquirlen, mit Salz, Pfeffer, Paprika und Muskat kräftig würzen. Den Käse und den Schnittlauch unterrühren.

4 Den Teig auf einer bemehlten Fläche ausrollen. Die Form einfetten, den Teig hineinlegen, dabei einen Rand von etwa 3 cm hochziehen. Den Rosenkohl und das Kasseler auf dem Teigboden verteilen. Mit der Eier-Käse-Mischung übergießen und im Backofen (Mitte, Umluft 180°) 30 Min. backen. Dazu paßt Tomatensauce (Rezept Seite 29).

Quiche mit zweierlei Pilzen

Das Rezept für diese Quiche stammt aus der Schweiz.

- Gelingt leicht
- Raffiniert

**Für eine Form
von 26 cm ø:**

1 Packung tiefgekühlter Blätterteig (300 g)
2 mittelgroße Stangen Lauch (etwa 400 g)
2 EL Butter
500 g Champignons
250 g Austernpilze
2 Knoblauchzehen
Salz
Pfeffer
1 Prise Cayennepfeffer
1 TL getrockneter Rosmarin
250 g saure Sahne
3 Eier
1 Prise Muskatnuß
Fett für die Form
Mehl für die Arbeitsfläche

Zubereitungszeit: 30 Min.
Backzeit: 40 Min.

Bei 4 Personen pro Portion ca.:
3010 kJ / 720 kcal
16 g EW / 51 g F / 52 g KH

1 Den Blätterteig aus der Packung nehmen, die Platten nebeneinander legen und auftauen lassen.

2 Den Lauch putzen, längs halbieren, gut ausspülen und in schmale Streifen schneiden. Die Butter in einer breiten Pfanne erhitzen und die Lauchstreifen darin bei milder Hitze 10 Min. dünsten.

3 Inzwischen die Champignons und die Austernpilze putzen. Die Champignons vierteln, die Austernpilze in schmale Streifen schneiden. Die Pilze in die Pfanne zum Lauch geben. Den Knoblauch schälen und darüber pressen. Die Pilze dünsten, bis fast alle Flüssigkeit verdampft ist. Mit Salz, Pfeffer, Cayennepfeffer und Rosmarin kräftig würzen. Die Pfanne vom Herd nehmen und

die Pilze etwas abkühlen lassen.

4 Den Backofen auf 200° vorheizen. Die Form einfetten. Die Blätterteigplatten aufeinanderlegen und auf einer bemehlten Arbeitsfläche ausrollen. In die Form legen und einen etwa 3 cm hohen Rand formen. Die Pilzmischung darauf verteilen.

5 Die Sahne mit den Eiern verquirlen, mit Salz, Pfeffer und Muskat kräftig würzen und über die Pilze geben. Im Backofen (Mitte, Umluft 180°) 40 Min. goldbraun bakken. Frisch aus dem Ofen servieren. Dazu paßt Spinatsalat mit Rucola und Kräuter-Joghurtsauce (Rezept Seite 28).

Im Bild oben: Quiche mit zweierlei Pilzen
Im Bild unten: Rosenkohlquiche

Artischockenquiche

- Gelingt leicht
- Raffiniert

Für eine Form von 26 cm ø:

1 Packung tiefgekühlter Blätterteig (300 g)
2 Dosen Artischockenherzen (je 240 g Inhalt)
150 g Salami am Stück
1 grüne Paprikaschote
Salz
Pfeffer
1 TL getrockneter Oregano
50 g frisch geriebener Parmesan
200 g Crème fraîche
Mehl für die Arbeitsfläche

Zubereitungszeit: 20 Min.
Backzeit: 25 Min.

Bei 4 Personen pro Portion ca.:
3420 kJ / 820 kcal
21 g EW / 60 g F / 51 g KH

1 Den Blätterteig aus der Packung nehmen, die Platten nebeneinanderlegen und auftauen lassen.

2 Die Artischockenherzen in einem Sieb gut abtropfen lassen. Die Salami häuten und in kleine Würfel schneiden. Die Paprikaschote waschen, halbieren und putzen, dann in kleine Würfel schneiden.

3 Den Backofen auf 200° vorheizen. Den Blätterteig auf einer bemehlten Arbeitsfläche ausrollen und in die Form legen, dabei einem Rand von etwa 3 cm formen.

4 Die Artischockenherzen einmal längs halbieren und mit der Schnittfläche nach unten auf den Teigboden legen, mit Salz, Pfeffer und Oregano würzen. Die Salami und die Paprikawürfel dazwischenstreuen.

5 Den Parmesan mit der Crème fraîche verrühren, mit Pfeffer und Salz würzen und gleichmäßig darauf verteilen. Im vorgeheizten Backofen (Mitte, Umluft 180°) 25 Min. backen. Nach Belieben eine Tomaten- oder Gorgonzolasauce dazu reichen (Rezepte Seite 29).

Kräuterquarkquiche

- Gelingt leicht
- Vegetarisch

Für eine Form von 26 cm ø:

Für den Teig:
125 g Magerquark
250 g Mehl
125 g weiche Butter
Salz

Für den Belag:
je 1 Bund Petersilie und Schnittlauch
500 g Kräuterquark
3 Eier
Salz
Pfeffer
1 Prise Paprika, rosenscharf
2 Knoblauchzehen
Fett für die Form
Mehl für die Arbeitsfläche

Zubereitungszeit: 25 Min.
Backzeit: 30 Min.

Bei 4 Personen pro Portion ca.:
3180 kJ / 760 kcal
34 g EW / 42 g F / 68 g KH

1 Den Quark in einem Sieb 10 Min. abtropfen lassen. Mit dem Mehl in eine Schüssel geben. Butter und Salz dazugeben, alles mit den Knethaken des Handrührgeräts oder mit den Händen zu einem geschmeidigen Teig verkneten. Zugedeckt 30 Min. im Kühlschrank ruhen lassen. Den Backofen auf 200° vorheizen.

2 Die Kräuter waschen und fein hacken. Den Quark mit den Eiern und den Kräutern verrühren, mit Salz, Pfeffer und Paprika kräftig würzen. Den Knoblauch schälen und dazupressen.

3 Die Form einfetten, den Teig auf einer bemehlten Fläche ausrollen, in die Form legen und einen etwa 3 cm hohen Rand formen. Die Quarkmischung darauf verteilen und im Backofen (Mitte, Umluft 200°) 30 Min. backen. Dazu paßt Tomatensalat.

VARIANTEN

• Deftiger wird die Quiche, wenn Sie 2 Zwiebeln fein hacken, mit 200 g in kleine Würfel geschnittenen Räucherspeck andünsten und unter den Kräuterquark mischen.

• Anstelle von Petersilie und Schnittlauch können Sie einen Bund Frühlingszwiebeln in feine Ringe schneiden, in 1 EL Butter 2–3 Min. dünsten und unter den Quark mischen.

Quiches mit Tradition

In vielen Ländern gibt es pikante Kuchen, in der Schweiz heißen sie Wähe, die Franzosen backen ihre Quiche, im Elsaß und in Deutschland werden sie Kuche oder Kuchen genannt. Meistens wird in runden Formen gebacken, aber oft auch, besonders für viele Leute, auf dem Backblech.
Die meisten Quichevarianten werden mit einer Mischung aus Eiern, geriebenem Käse und Milch oder Sahne überbacken.

Tips und Tricks

• Bei Blechkuchen ist es praktisch, wenn man den Teig gleich auf dem mit Backpapier ausgelegten oder eingefetteten Backblech ausrollt.
• Sie können beliebige Teigarten ins Blech legen und so einfrieren.
• Wenn die Quiche einen sehr saftigen Belag hat, wie etwa Quiche Lorraine oder andere Quiche zum Beispiel mit Quark oder Frischkäse, können Sie den Boden vorbacken, dann bleibt er knackig und weicht nicht so schnell durch. Das ist besonders dann wichtig, wenn Sie die Quiche kalt essen möchten.

Den Teig in der Form mit einem Stück Back- oder Pergamentpapier belegen und mit 250–500 g getrockneten Hülsenfrüchten (Erbsen, Linsen) gleichmäßig beschweren. Den Teig 15–20 Minuten bei 200° »blindbacken«.

Danach die Hülsenfrüchte und das Papier entfernen, Quiche nach Rezept zubereiten. Die Hülsenfrüchte können Sie in einem Glas mit Schraubdeckel für die nächste Quiche aufheben.
• Mürbeteig nie zu lange kneten, sonst wird er klebrig. Außerdem mag er keine Wärme, deshalb beim Kneten ab und zu die Hände unter kaltes Wasser halten.
• Wer mit dem Ausrollen von Mürbeteig Mühe hat, kann ihn auch in die Form »drücken«. Dann muß die Form allerdings noch einmal 30 Minuten in den Kühlschrank, sonst bröckelt und bricht der Teig beim Backen.

Quiches mit Tradition

Käse muß sein!

Verschiedene Käsesorten eignen sich besonders gut zum Quichebacken.

Appenzeller

ist ein fruchtig würziger Käse aus Kuhmilch, der aus dem Kanton Appenzell in der Schweiz kommt.

Emmentaler,

der typische Schweizer Käse mit den großen Löchern, stammt aus der Provinz Bern. Er hat eine Reifezeit von acht Monaten und ein mildwürziges Aroma.
Es gibt auch Allgäuer Emmentaler, der ein ähnliches Aroma hat, aber preiswerter ist.

Gorgonzola,

aus dem italienischen Piemont, ist ein Blauschimmelkäse mit kräftigwürzigem Aroma. Es gibt ihn auch geschichtet mit Mascarpone als Sahnegorgonzola, dann hat er ein milderes Aroma und ist cremiger.

Gouda

kommt aus Nordholland und ist in drei Reifestufen, in jung, mittel und alt zu bekommen. Zum Reiben eignet sich alter oder mittelalter Gouda am besten. Sein mild fruchtiger Geschmack verbindet sich gut mit anderen Aromen.

Mozzarella

ist Frischmilchkäse aus Kuhmilch mit 45 % Fett. Meist ist er kugelförmig und schwimmt in leicht gesalzenem Molkebad. Ursprünglich nur aus Büffelmilch, heute meistens aus Kuhmilch, hergestellt. Büffelmilch-Mozzarella ist sehr teuer, aber geschmacklich um einiges besser.

Parmesan

ist Italiens berühmtester Hartkäse und kommt aus der Provinz Parma. Er braucht zwei Jahre Reifezeit und hat ein typisches, mild-würziges Aroma. Er wird zwar auch gerieben angeboten, doch sollten Sie ihn lieber am Stück kaufen und frisch nach Bedarf reiben, so schmeckt er am besten.

Robiola

kommt aus der italienischen Region Piemont und ist ein säuerlich-aromatischer Frischkäse aus Kuhmilch, der auch mit Kräutern angeboten wird.

Roquefort

ist ein französischer Blauschimmelkäse aus Schafmilch, der mit dunkelblauen Schimmeladern durchzogen ist. Er hat eine sechsmonatige Reifezeit und ein sehr charakteristisches Aroma.

Von links nach rechts: Mozzarella, Gorgonzola, Roquefort, Gouda, Parmesan, Appenzeller, Emmentaler, Robiola.

Gemüsequiche mit Gorgonzola

- Braucht etwas Zeit
- Vegetarisch

Für eine Form von 26 cm ø:

Für den Teig:
150 g Magerquark
1 TL Salz
3 EL Olivenöl
1 Ei
200 g Mehl

Für den Belag:
750 g Fleischtomaten
je 1 rote und grüne Paprikaschote
1 Bund Frühlingszwiebeln
1 El Olivenöl
1 Knoblauchzehe
Salz
Pfeffer
1 Prise Cayennepfeffer
150 g Gorgonzola
200 g Crème fraîche
Fett für die Form
Mehl für die Arbeitsfläche

Zubereitungszeit: 40 Min.
Backzeit: 40 Min.

Bei 4 Personen pro Portion ca.:
2820 kJ / 670 kcal
22 g EW / 42 g F / 54 g KH

1 Den Quark in einem Sieb 10 Min. abtropfen lassen, dann mit Salz, Öl, Ei und Mehl mischen. Alles mit den Knethaken des Handrührgeräts oder mit den Händen zu einem geschmeidigen Teig verarbeiten. Zugedeckt 30 Min. im Kühlschrank ruhen lassen.

2 Die Stielansätze der Tomaten entfernen, Tomaten überbrühen, häuten und achteln. Die Paprikaschoten waschen, halbieren, putzen, dann in Streifen schneiden.

3 Die Frühlingszwiebeln putzen, waschen und in Ringe schneiden. Das Öl in einer Pfanne erhitzen. Paprika und Frühlingszwiebeln darin bei mittlerer Hitze 3 Min. dünsten. Den Knoblauch schälen und dazupressen. Mit Salz, Pfeffer und Cayennepfeffer würzen. Die Tomaten vorsichtig unterheben.

4 Den Backofen auf 200° vorheizen. Die Form einfetten. Den Teig auf einer bemehlten Fläche ausrollen, in die Form legen und einen Rand von etwa 3 cm hochdrücken.

5 Das Gemüse auf dem Teigboden verteilen. Den Gorgonzola mit einer Gabel zerdrücken, die Crème fraîche untermischen und auf dem Gemüse verteilen. Die Quiche im Backofen (Mitte, Umluft 180°) 40 Min. backen. Dazu paßt Gurkensalat.

Quiche Lorraine

- Für Gäste
- Gut vorzubereiten

Für eine Form von 26 cm ø:

Für den Teig:
250 g Mehl
125 g kalte Butter
1 Prise Salz
1 Ei

Für den Belag:
200 g Räucherspeck in dickeren Scheiben
3 Eier
250 g Crème fraîche
200 g frisch geriebener Gruyère
Salz • Pfeffer
1 Prise Muskatnuß
Fett für die Form
Mehl für die Arbeitsfläche

Zubereitungszeit: 30 Min.
Backzeit: 35 Min.

Bei 4 Personen pro Portion ca.:
4030 kJ / 960 kcal
28 g EW / 72 g F / 49 g KH

1 Das Mehl in eine Schüssel geben, die Butter klein würfeln und mit dem Salz und dem Ei zum Mehl geben. Alles zu einem geschmeidigen Teig verarbeiten. Zugedeckt 30 Min. im Kühlschrank ruhen lassen.

2 Den Räucherspeck ohne Schwarte in Streifen schneiden. In einem Topf Wasser aufkochen lassen, die Speckstreifen darin 2 Min. blanchieren. Auf Küchenpapier gut abtropfen lassen.

3 Die Eier mit der Crème fraîche verrühren, den Käse unterrühren. Mit wenig Salz, da der Speck schon salzig ist, Pfeffer und Muskat würzen. Den Backofen auf 200° vorheizen.

4 Die Form einfetten. Den Teig auf einer bemehlten Fläche ausrollen, in die Form legen und einen etwa 3 cm hohen Rand formen.

5 Die Speckstreifen auf dem Teigboden verteilen. Die Eier-Crème fraîche-Mischung gleichmäßig über den Speck gießen.

6 Die Quiche Lorraine im Backofen (Mitte, Umluft 180°) 35 Min. backen. Schmeckt ganz frisch aus dem Backofen besonders gut.

Im Bild oben: Gemüsequiche mit Grogonzola
Im Bild unten: Quiche Lorraine

Provenzalische Tarte

● Braucht etwas Zeit
● Vegetarisch

**Für eine Form
von 26 cm ø:**

Für den Teig:
250 g Mehl
125 g kalte Butter
1 Ei • 1 Prise Salz
Für den Belag:
1 Zwiebel
4 EL Olivenöl
3 Knoblauchzehen
1 kleine Aubergine
(etwa 250 g)
2 Zucchini (etwa 250 g)
je 1 rote und gelbe
Paprikaschote
2 Fleischtomaten
Salz • Pfeffer
je 1 TL Oregano, Thymian
und Rosmarin, frisch oder
getrocknet
80 g frisch geriebener
Parmesan
Fett für die Form
Mehl für die Arbeitsfläche

Zubereitungszeit: 45 Min.
Backzeit: 45 Min.

Bei 4 Personen pro Portion ca.:
2930 kJ / 700 kcal
20 g EW / 41 g F / 66 g KH

1 Das Mehl in eine Schüssel füllen. Die Butter klein würfeln, mit dem Ei und dem Salz zum Mehl geben. Alles zu einem geschmeidigen Teig verarbeiten. Zugedeckt 30 Min. ruhen lassen.

2 Die Zwiebel schälen und fein hacken. Öl in einer Pfanne erhitzen und die Zwiebel darin andün-sten. Den Knoblauch schälen und dazupressen.

3 Aubergine und Zucchini waschen, putzen und in Würfel schneiden. In die Pfanne geben und 10 Min. bei mittlerer Hitze dünsten.

4 Die Paprika waschen, putzen und würfeln. Stielansätze der Tomaten entfernen, Tomaten überbrühen, häuten und grob hacken, beides in die Pfanne geben. Mit Salz, Pfeffer und Kräutern würzen. 15 Min. bei mittlerer Hitze offen schmoren. Das Gemüse abkühlen lassen.

5 Den Backofen auf 200° vorheizen. Die Form einfetten. Den Teig auf einer bemehlten Arbeitsfläche ausrollen und in die Form legen. Den Teigboden mehrmals mit einer Gabel einstechen und 15 Min. im Backofen (Mitte, Umluft 180°) vorbacken.

6 Das Gemüse abschmecken und die Hälfte des Parmesans untermischen, auf dem Teigboden verteilen und mit dem restlichen Parmesan bestreuen. Weitere 25 Min. backen, bis die Oberfläche gebräunt ist.

Pissaladière

● Raffiniert
● Für Gäste

**Für eine Form
von 26 cm ø:**

Für den Teig:
250 g Mehl
125 g kalte Butter
1 Prise Salz
1 Ei
Für den Belag:
500 g Zwiebeln
5 EL Olivenöl
Salz • Pfeffer
2 TL Thymian, frisch
oder getrocknet
3 Knoblauchzehen
600 g Tomaten
100 g kleine, schwarze
Oliven
1 Dose Sardellenfilets
(100 g Inhalt)
Fett für die Form
Mehl für die Arbeitsfläche

Zubereitungszeit: 45 Min.
Backzeit: 35 Min.

Bei 4 Personen pro Portion ca.:
2870 kJ / 690 kcal
18 g EW / 42 g F / 62 g KH

1 Das Mehl in eine Schüssel geben, die Butter klein würfeln und mit dem Salz und dem Ei auf das Mehl geben. Alles zu einem geschmeidigen Teig verarbeiten. Zugedeckt 30 Min. im Kühlschrank ruhen lassen.

2 Die Zwiebeln schälen und klein würfeln. In einer Pfanne 3 EL Öl erhitzen und die Zwiebeln bei mittlerer Hitze darin andünsten. Mit Salz, Pfeffer und der Hälfte des Thymian würzen. Den Knoblauch schälen und dazupressen. Alles bei sehr milder Hitze in 15 Min. weich dünsten.

3 Stielansätze der Tomaten entfernen, die Tomaten kurz überbrühen, häuten und in Scheiben schneiden. Den Backofen auf 200° vorheizen.

4 Die Form einfetten. Den Teig auf einer bemehlten Arbeitsfläche ausrollen, in die Form legen und einen etwa 3 cm hohen Rand formen.

5 Die Zwiebelmischung gleichmäßig auf dem Teigboden verteilen. Mit den Tomatenscheiben bedecken, mit dem restlichen Olivenöl beträufeln. Mit Salz, Pfeffer und dem restlichen Thymian würzen und die Oliven dekorativ darauf verteilen. Im Backofen (Mitte, Umluft 180°) 30 Min. backen. Die Form herausnehmen, die Sardellenfilets darauf verteilen und die Pissaladière für weitere 5 Min. in den Backofen schieben.

**Im Bild oben: Provenzalische Tarte
Im Bild unten: Pissaladière**

Flamiche au Camembert

Die Flamiche ist eine Spezialität aus der Normandie. Das passende Getränk dazu ist Cidre.

- Für Gäste
- Vegetarisch

Für eine Form von 26 cm ø:

Für den Teig:
250 g Mehl
125 g kalte Butter
1 Prise Salz
1 Ei
Für den Belag:
1 große Zwiebel
1 EL weiche Butter
450 g reifer Camembert
50 g Butter
1 Ei • Salz
schwarzer Pfeffer
1 TL Paprika, rosenscharf
Fett für die Form
Mehl für die Arbeitsfläche

Zubereitungszeit: 30 Min.
Backzeit: 25–30 Min.

Bei 4 Personen pro Portion ca.:
3950 kJ / 940 kcal
32 g EW / 68 g F / 50 g KH

1 Das Mehl in eine Schüssel geben. Die Butter klein würfeln und mit dem Salz und dem Ei zum Mehl geben. Alles zu einem geschmeidigen Teig verarbeiten. Zugedeckt 30 Min. im Kühlschrank ruhen lassen.

2 Die Zwiebel schälen und fein hacken. Die Butter in einer Pfanne erhitzen, die Zwiebel darin weich dünsten.

3 Die Rinde des Camemberts abschneiden. Den Käse zerkleinern und mit einer Gabel fein zerdrücken, dabei die Butter und die gedünstete Zwiebel untermischen. Mit Salz, Pfeffer und Paprika würzen. Zum Schluß das Ei unterrühren. Den Backofen auf 200° vorheizen.

4 Eine Form einfetten. Den Teig auf einer bemehlten Arbeitsfläche ausrollen, in die Form legen und einen etwa 3 cm hohen Rand formen. Die Käsemischung gleichmäßig darauf streichen und im vorgeheizten Backofen (Mitte, Umluft 180°) in 25–30 Min. goldbraun backen. Dazu schmeckt grüner Salat mit Vinaigrette.

Schwäbischer Zwiebelkuchen

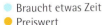

- Braucht etwas Zeit
- Preiswert

Für ein Backblech:

Für den Teig:
400 g Mehl
1/2 Würfel Hefe (21 g)
1 Prise Zucker
1/8 l warme Milch
1 Prise Salz
1 Ei
2 EL Butter
Für den Belag:
250 g Räucherspeck in dickeren Scheiben
1 EL Butter
2 kg Zwiebeln
Salz
Pfeffer
2 TL Kümmelkörner
500 g saure Sahne
5 Eier
Fett fürs Blech

Zubereitungszeit: 45 Min.
Ruhezeit: 45 Min.
Backzeit: 45 Min.

Bei 6 Personen pro Portion ca.:
3610 kJ / 860 kcal
32 g EW / 50 g F / 71 g KH

1 Das Mehl in eine Schüssel geben und in die Mitte eine Mulde drücken. Die Hefe hineinbröckeln und mit Zucker bestreuen. Die Hälfte der Milch dazugießen und alles verrühren. Zugedeckt an einem warmen Ort 15 Min. gehen lassen.

2 Das Salz, das Ei und die Butter in kleinen Stücken mit der restlichen Milch dazugeben und mit den Knethaken des Handrührers oder mit den Händen zu einem elastischen Teig verkneten. Den Teig zur Kugel formen und zugedeckt weitere 45 Min. gehen lassen.

3 Den Räucherspeck ohne Schwarte klein würfeln. Die Butter in einer Pfanne schmelzen und die Speckwürfel auslassen. Die Zwiebeln schälen, in kleine Würfel schneiden, unter die Speckwürfel mischen. Mit Salz, Pfeffer und Kümmel würzen und und bei milder Hitze in 15 Min. weich dünsten. Die Pfanne vom Herd nehmen und die Zwiebeln abkühlen lassen.

4 Den Backofen auf 200° vorheizen. Das Blech einfetten und den Hefeteig darauf ausrollen und einen Rand formen. Die Sahne mit den Eiern verrühren, die Zwiebeln untermischen und gleichmäßig auf dem Teig verteilen. Im Backofen (Mitte, Umluft 180°) 45 Min. backen. Schmeckt besonders gut zu neuem Wein.

Orientalische Lammtarte

● Raffiniert
● Braucht etwas Zeit

**Für eine Form
von 26 cm ø:**

Für den Teig:
200 g Mehl
5 EL Olivenöl • Salz
Für den Belag:
2 EL Öl
600 g Lammhackfleisch
1 mittelgroße Aubergine
1 große Zwiebel
3 Knoblauchzehen
2 Fleischtomaten
50 g Rosinen
2 EL gehackte Mandeln
Salz • Pfeffer
1 Prise Kreuzkümmel
1/2 TL gemahlener Zimt
1 TL abgeriebene Schale einer unbehandelten Zitrone
100 g Schafkäse
Fett für die Form
Mehl für die Arbeitsfläche

Zubereitungszeit: 45 Min.
Backzeit: 35 Min.

Bei 4 Personen pro Portion ca.:
3940 kJ/940 kcal
32 g EW / 64 g F / 62 g KH

1 Das Mehl in eine Schüssel sieben und in die Mitte eine Mulde drücken. Das Öl mit 5 EL Wasser und Salz dazugeben. Zu einem Teig verarbeiten und 30 Min. im Kühlschrank ruhen lassen.

2 Das Öl in einer großen Pfanne erhitzen und das Hackfleisch darin bei mittlerer Hitze 10 Min. anbraten.

3 Die Aubergine waschen, vom Stielansatz befreien und in 1 cm große Würfel schneiden. Die Zwiebel und den Knoblauch schälen, beides fein hacken, mit der Aubergine unter das Fleisch mischen und schmoren lassen.

4 Stielansätze der Tomaten entfernen, Tomaten kurz überbrühen, häuten, entkernen und in grobe Würfel schneiden. Mit den Rosinen und den Mandeln in die Pfanne geben. Mit Salz, Pfeffer, Kreuzkümmel, Zimt und Zitronenschale kräftig würzen und 20 Min. zugedeckt schmoren lassen. Zum Schluß den Schafkäse zerbröckeln und untermischen. Den Backofen auf 200° vorheizen.

5 Die Form einfetten. Den Teig auf einer bemehlten Fläche ausrollen und in die Form legen. Dabei einen Rand von etwa 3 cm formen. Die Hackfleisch-Gemüse-Mischung gleichmäßig auf dem Teigboden verteilen. Die Tarte im Backofen (Mitte, Umluft 180°) 30 Min. backen. Dazu paßt Schafkäsesauce (Rezept Seite 29) oder Joghurtsauce mit Minze.

Schweizer Käsewähe

● Vegetarisch
● Für Gäste

**Für eine Form
von 26 cm ø:**

Für den Teig:
125 g Magerquark
250 g Mehl
125 g kalte Butter
1 Prise Salz
Für den Belag:
500 g blaue oder weiße Trauben
200 g Sahne
3 Eier
100 g frisch geriebener Gruyère
Salz • Pfeffer
1 Prise gemahlener Kümmel
Fett für die Form
Mehl für die Arbeitsfläche

Zubereitungszeit: 35 Min.
Backzeit: 40 Min.

Bei 4 Personen pro Portion ca.:
3535 kJ/845 kcal
24 g EW / 53 g F / 73 g KH

1 Den Quark in einem Sieb 10 Min. abtropfen lassen. Das Mehl mit dem Quark in eine Schüssel füllen. Die Butter klein würfeln und mit dem Salz dazugeben. Alles mit den Knethaken des Handrührers oder mit den Händen zu einem geschmeidigen Teig verarbeiten. Zugedeckt 30 Min. im Kühlschrank ruhen lassen.

2 Die Trauben waschen, abzupfen und gut abtropfen lassen. Die Sahne mit den Eiern und der Hälfte des Käses verrühren und mit Salz, Pfeffer und Kümmel würzen.

3 Den Backofen auf 200° vorheizen. Die Form einfetten. Den Teig auf einer bemehlten Arbeitsfläche ausrollen, in die Form legen und einen etwa 3 cm hohen Rand formen.

4 Die Weintrauben auf dem Teigboden verteilen und mit dem restlichen Käse bestreuen. Die Sahnemischung darüber gießen. Die Käsewähe im Backofen (Mitte, Umluft 180°) 40 Min. backen. Die Wähe schmeckt warm oder kalt.

**In Bild oben: Orientalische Lammtarte
Im Bild unten: Schweizer Käsewähe**

Rezept- und Sachregister

Äpfel: Quiche mit Leberwurst und Äpfeln 26
Appenzeller
Möhrenquiche mit Brokkoli (Variante) 34
Quiche mit zweierlei Käse 45
Warenkunde 52
Artischockenquiche 50
Auberginen
Auberginenquiche mit Mozzarella 33
Orientalische Lammtarte 60
Provenzalische Tarte 56
Austernpilze
Austernpilzquiche mit Zuckerschoten 31
Quiche mit zweierlei Pilzen 48

Bergkäse: Wirsingtarte 24
Birnen: Gorgonzolaquiche mit Birnen 14
Blindbacken 53
Blumenkohltarte mit Curry 32
Bohnenquiche 46
Brokkoli
Brokkoliquiche mit Putenbrust 20
Möhrenquiche mit Brokkoli 34

Camembert: Flamiche au Camembert 58
Champignons
Champignonquiche 8
Quiche mit zweierlei Pilzen 48
Chiliquiche 21
Chinakohlquiche 39
Comté
Champignonquiche 8
Quiche mit zweierlei Käse 45

Emmentaler
Chiliquiche 21
Hackfleischquiche 22
Möhrenquiche mit Brokkoli (Variante) 34
Warenkunde 52
Erbsen: Schweinefiletquiche 22

Fenchel: Räucherfischquiche 15
Flamiche au Camembert 58
Forellenquiche 12
Frühlingszwiebeln
Blumenkohltarte mit Curry 32
Gemüsequiche mit Gorgonzola 54
Kräuterquarkquiche (Variante) 51
Lyonerquiche 18

Impressum

© 1997 Gräfe und Unzer Verlag GmbH, München. Alle Rechte vorbehalten. Nachdruck, auch auszugsweise, sowie Verbreitung durch Film, Funk, Fernsehen und Internet, durch fotomechanische Wiedergabe, Tonträger und Datenverarbeitungssysteme jeglicher Art nur mit schriftlicher Genehmigung des Verlages.

Redaktion: Christine Wehling
Lektorat: Bettina Bartz
Layout, Typographie und Umschlaggestaltung: Heinz Kraxenberger
Satz und Herstellung: BuchHaus Robert Gigler GmbH
Produktion: Helmut Giersberg
Fotos: Odette Teubner
Reproduktion: Fotolito Longo, I-Frangart
Druck und Bindung: Kaufmann, Lahr

Auflage	8.	7.	
Jahr	2005	04	03

Cornelia Adam
arbeitete zunächst als engagierte Hotelfachfrau. Später konnte sie ihre vielfältigen Erfahrungen berufsbedingter Auslandsaufenthalte als Redakteurin einer bekannten deutschen Frauenzeitschrift in Wort und Bild umsetzen. Seit langem arbeitet sie als freiberufliche Food-Journalistin und Kochbuchautorin.

Odette Teubner
wuchs bereits zwischen Kameras, Scheinwerfern und Versuchsküche auf. Ausgebildet wurde sie durch ihren Vater, den international bekannten Food-Fotografen Christian Teubner. Nach einem kurzen Ausflug in die Modefotografie kehrte sie in die Foodbranche zurück und hat seitdem das seltene Glück, Beruf und Hobby zu vereinen. Odette Teubner liebt die tägliche Herausforderung, die Frische und Natürlichkeit der Lebensmittel optimal in Szene zu setzen.

Ein Unternehmen der
GANSKE VERLAGSGRUPPE

Rezept- und Sachregister   63

Miniquiche mit
Kirschtomaten 6
Quiche mit Leberwurst
und Äpfeln 26
Tomatensalat mit
Frühlingszwiebeln 17

Garnelenquiche mit
Safran 12
Geflügelleberquiche 25
Gemüsequiche mit
Gorgonzola 54
Gorgonzola
Austernpilzquiche mit
Zuckerschoten 31
Gemüsequiche mit
Gorgonzola 54
Gorgonzolaquiche mit
Birnen 14
Gorgonzolasauce 29
Schafkäsequiche
(Variante) 44
Warenkunde 52
Gouda
Brokkoliquiche mit
Putenbrust 20
Champignonquiche 8
Lyonerquiche 18
Maisquiche 46
Möhrenquiche mit
Brokkoli (Variante) 34
Rosenkohlquiche 48
Warenkunde 52
Gruyère
Miniquiche mit
Kirschtomaten 6
Quiche Lorraine 54
Schweizer Käsewähe 60
Gurkensalat mit Dill und
Sesam 17

Hackfleisch
Chiliquiche 21
Hackfleischquiche 22
Quiche mit Leberwurst
und Äpfeln (Variante) 26

Joghurt
Kräuter-Joghurtsauce 28
Schafkäsesauce mit
Oliven 29

Kapern: Tomatensauce
mit Kapern 29
Kartoffeln: Quiche mit
Leberwurst und Äpfeln
(Variante) 26
Kichererbsenquiche 42
Kirschtomaten: Miniquiche
mit Kirschtomaten 6
Kräuter-Joghurtsauce 28
Kräuterquarkquiche 51

Lachs: Lauchquiche mit
Lachs 10
Lammfleisch: Orientalische
Lammtarte 60
Lauch
Chiliquiche 21
Lauchquiche mit
Lachs 10

Möhrenquiche mit
Brokkoli (Variante) 34
Quiche mit zweierlei
Pilzen 48
Leberwurst: Quiche mit
Leberwurst und
Äpfeln 26
Linsen: Quiche mit roten
Linsen 36
Lyonerquiche 18

Maisquiche 46
Mett
Quiche mit Leberwurst
und Äpfeln (Variante) 26
Weißkohlquiche mit
Mett 18
Miniquiches mit
Kirschtomaten 6
Möhren
Hackfleisch-
quiche (Variante) 22
Möhrenquiche mit
Brokkoli 34
Mozzarella
Auberginenquiche mit
Mozzarella 33
Warenkunde 53

Oliven
Pissaladière 56
Schafkäsequiche 44
Schafkäsesauce mit
Oliven 29
Spinatquiche mit
Schafkäse und Oliven 36
Orientalische Lamm-
tarte 60

Paprikaschoten
Artischockenquiche 50
Gemüsequiche mit
Gorgonzola 54
Maisquiche 46
Pikante Paprikasauce 29
Provenzalische Tarte 56
Parmesan
Artischockenquiche 50
Hackfleischquiche
(Variante) 22
Kichererbsenquiche 42
Provenzalische Tarte 56
Quiche mit zweierlei
Käse 45
Schalottenquiche mit
Rosinen 38
Warenkunde 53
Zucchini-Quark-
quiche 30
Pikante Paprikasauce 29
Pissaladière 56
Provenzalische Tarte 56
Putenbrust: Brokkoliquiche
mit Putenbrust 20

Quiche Lorraine 54
Quiche mit Leberwurst
und Äpfeln 26
Quiche mit roten Linsen 36
Quiche mit zweierlei
Käse 45
Quiche mit zweierlei
Pilzen 48

Rezept- und Sachregister

R

Radieschen: Romanasalat mit Radieschen und Kresse 17
Räucherfischquiche 15
Robiola
 Tomatenquiche mit Robiola 11
 Warenkunde 53
Romanasalat mit Radieschen und Kresse 17
Roquefort
 Roquefortquiche 9
 Warenkunde 53
Rosenkohlquiche 48
Rosinen
 Orientalische Lammtarte 60
 Schalottenquiche mit Rosinen 38

S

Salat aus Sommerfrüchten 17
Sardellen: Pissaladière 56
Sauerkrautquiche 42
Schafkäse
 Orientalische Lammtarte 60
 Schafkäsequiche 44
 Schafkäsesauce mit Oliven 29
 Spinatquiche mit Schafkäse und Oliven 36
 Schalottenquiche mit Rosinen 38
Schillerlocken: Räucherfischquiche 15

Schinken
 Bohnenquiche 46
 Champignonquiche 8
 Möhrenquiche mit Brokkoli (Variante) 34
 Spargeltarte mit Schinkencreme 6
Schnittlauchvinaigrette 16
Schwäbischer Zwiebelkuchen 59
Schweinefiletquiche 22
Schweizer Käsewähe 60
Spargeltarte mit Schinkencreme 6
Spinatquiche mit Schafkäse und Oliven 36

T

Thunfisch: Kichererbsenquiche 42
Tofu: Chinakohlquiche 39
Tomaten
 Auberginenquiche mit Mozzarella 33
 Geflügelleberquiche 25
 Gemüsequiche mit Gorgonzola 54
 Orientalische Lammtarte 60
 Pissaladière 56
 Provenzalische Tarte 56
 Quiche mit roten Linsen 36
 Tomatenquiche mit Robiola 11
 Tomatensalat mit Frühlingszwiebeln 17
 Tomatensauce mit Kapern 29
Trauben: Schweizer Käsewähe 60

V

Vinaigrette 16

W

Weißkohlquiche mit Mett 18
Wirsingtarte 24

Z

Zucchini
 Möhrenquiche mit Brokkoli (Variante) 34
 Provenzalische Tarte 56
 Schafkäsequiche (Variante) 44
 Zucchini-Quarkquiches 30
Zuckerschoten: Austernpilzquiche mit Zuckerschoten 31
Zwiebeln: Schwäbischer Zwiebelkuchen 59

GASHERD-TEMPERATUREN

Die Temperaturstufen bei Gasherden variieren von Hersteller zu Hersteller. Welche Stufe Ihres Herdes der jeweils angegebenen Temperatur entspricht, entnehmen Sie bitte der Gebrauchsanweisung.

ABKÜRZUNGEN

TL = Teelöffel
EL = Eßlöffel
Msp. = Messerspitze

kJ = Kilojoules
kcal = Kilokalorien
EW = Eiweiß
F = Fett
KH = Kohlenhydrate

Das Original mit Garantie

Unsere Garantie: Sollte ein GU-Ratgeber einmal einen Fehler enthalten, schicken Sie uns bitte das Buch mit einem kleinen Hinweis und der Quittung innerhalb von sechs Monaten nach dem Kauf zurück. Wir tauschen Ihnen den GU-Ratgeber gegen einen anderen zum gleichen oder ähnlichen Thema um.

Ihr Gräfe und Unzer Verlag
Redaktion Kochen
Postfach 86 03 25
81630 München
Fax: 089/41981-113
e-mail: leserservice@
graefe-und-unzer.de